성령님이 교회들에게
하시는 말씀

성령님이 교회들에게
하시는 말씀

초판 1쇄 인쇄 2016년 7월 1일

지은이   주학선
펴낸이   주학선
펴낸곳   리터지하우스
           인천광역시 부평구 경인로 996
           Tel.032-528-1882 Fax.032-528-1885

디자인   페이퍼제이

ISBN 978-89-969743-1-4 93230

값 12,000원

소아시아의 일곱 교회에 보낸 **사도 요한의 편지**

성령님이 교회들에게 하시는 말씀

주학선 지음

리터지하우스

들어가는 말

　목사가 된 지 20여년, 지금까지 제가 한 번도 잊은 적이 없는 주제 가운데 하나는 '교회'입니다. '교회'는 지금도 저의 마음에 깊이 자리 잡고 있으면서 여전히 씨름하는 거대한 산입니다. 1세기 로마 제국 시대에 소아시아 지역의 도시에 있었던 기독교 공동체에 주신 주님의 말씀은 그 어느 때 보다도 지금 더욱 무겁게 들립니다. 2천 년이 지난 지금도 뜨겁게 살아 있는 생명의 말씀으로 우리의 가슴을 울리는 성령님의 음성이 교회에 메아리칩니다. 순수하고 진정한 예수님의 교회가 되기를 바라시는 음성 앞에 겸손하게 무릎을 꿇습니다. 왜곡되고, 흉하게 상처를 입고, 참 모습을 알아 볼 수 없이 변질된 우리의 민낯을 보면서 깊이 회개합니다. 강한 교회가 아닌 겸손한 교회로, 높은 교회가 아닌 낮은 교회로, 닫힌 교회가 아닌 열린 교회로, 화려한 교회가 아닌 착한 교회로, 오직 십자가와 부활의 주님을 따르는 거룩한 교회로 부르시는 주님의 음성을 떨리는 마음으로 다시 마주합니다.

이 책은 많은 분들의 사랑의 열매입니다. 부족한 저를 설교자로 세워주시고 끊임없이 격려와 사랑을 부어주시는 동수교회 성도님들께 감사드립니다. 우리는 주님이 원하시고 기뻐하시는 교회를 꿈꾸며 함께 예배하면서 말씀을 듣고 순종하는 일에 마음을 다하였고, 사랑과 생명의 공동체가 되기 위해 힘을 다했습니다. 특별성회를 통하여 말씀을 나눌 기회를 주셨던 아현중앙교회 여선교회에 감사드립니다. 또한 지난 한 해 제가 부평동지방의 감리사로 일하는 동안 응원해주시고, 소아시아의 일곱 교회의 자취를 따라 순례의 길을 함께 걸으며 목회의 길동무가 되어준 부평동지방의 목회자와 교회들에게 감사드립니다. 모든 것이 오직 주님의 은혜입니다.

2016년 5월 성령강림절에

주학선 목사

차례

네가 본 내 오른손의 일곱 별과 일곱 금 촛대의 비밀은 이러하다.
일곱 별은 일곱 교회의 심부름꾼이요, 일곱 촛대는 일곱 교회다.

(요한계시록 1:20)

Chapter 1

성령님이
교회에
말씀하시다

밧모섬에서 계시 받는 요한 - 히에로니무스 보쉬 작(1489년)

1 이것은 예수 그리스도의 계시입니다. 이 계시는 곧 일어나야 할 일들을 그 종들에게 보이시려고, 하나님께서 그리스도에게 주신 것입니다. 그런데 그리스도께서는 자기의 천사를 보내셔서, 자기의 종 요한에게 이것을 알려 주셨습니다. 2 요한은, 하나님의 말씀과 예수 그리스도의 증언 곧 자기가 본 것을 다 증언하였습니다. 3 이 예언의 말씀을 읽는 사람과 듣는 사람들과 그 안에 기록되어 있는 것을 지키는 사람들은 복이 있습니다. 그 때가 가까이 왔기 때문입니다. 4 요한은 아시아에 있는 일곱 교회에 편지하노니 이제도 계시고 전에도 계셨고 장차 오실 이와 그의 보좌 앞에 있는 일곱 영과 5 또 신실한 증인이시요 죽은 사람들의 첫 열매이시요 땅 위의 왕들의 지배자이신 예수 그리스도께서 내려 주시는 은혜와 평화가,

여러분에게 있기를 빕니다. 예수 그리스도께서는 우리를 사랑하시며, 자기의 피로 우리의 죄에서 우리를 해방하여 주셨고, 6 우리로 하여금 나라가 되게 하시어 자기 아버지 하나님을 섬기는 제사장으로 삼아 주셨습니다. 그에게 영광과 권세가 영원무궁 하도록 있기를 빕니다. 아멘. 7 보아라, 그가 구름을 타고 오신다. 눈이 있는 사람은 다 그를 볼 것이요, 그를 찌른 사람들도 볼 것이다. 땅 위의 모든 족속이 그분 때문에 가슴을 칠 것이다. 꼭 그렇게 될 것입니다. 아멘. 8 지금도 계시고 전에도 계셨고 앞으로 오실 전능하신 주 하나님께서 나는 알파요 오메가다 하고 말씀하십니다. 9 예수 안에서 여러분의 형제요 예수 안에서 환난과 그 나라와 인내에 여러분과 더불어 참여한 사람인 나 요한은, 하나님의 말씀과 예수에 대한 증언 때문에 밧모라는 섬에 갇혀 있게 되었습니다. 10 주님의 날에 내가 성령에 사로잡혀 내 뒤에서 나팔 소리처럼 울리는 큰 음성을 들었습니다. 11 그 음성은 이렇게 말하였습니다. 네가 보는 것을 책에 기록하여, 일곱 교회, 곧 에베소와 서머나와 버가모와 두아디라와 사데와 빌라델비아와 라오디게아의 교회로 보내라. 12 그래서 나는 내게 들려 오는 그 음성을 알아보려고 돌아섰습니다. 돌아서서 보니, 일곱 금 촛대가 있는데, 13 그 촛대 한가운데 '인자와 같은 분'이 계셨습니다. 그는 발에 끌리는 긴 옷을 입고, 가슴에는 금띠를 띠고 계셨습니다. 14 머리와 머리털은 흰 양털과 같이, 또 눈과 같이 희고, 눈은 불꽃과 같고, 15 발은 풀무불에 달구어 낸 놋쇠와 같고, 음성은 큰 물소리와 같았습니다. 16 또 오른손에는 일곱 별을 쥐고, 입에서는 날카로운 양날 칼이 나오고, 얼굴은 해가 강렬하게 비치는 것과 같았습니다. 17 그를 뵐 때에, 내가 그의 발 앞에 엎어져서 죽은 사람과 같이 되니, 그가 내게 오른손을 얹고 말씀하셨습니다. 두려워하지 말아라. 나는 처음이며 마지막이요, 18 살아 있는 자다. 나는 한 번은 죽었으나, 보아라, 영원무궁 하도록 살아 있어서, 사망과 지옥의 열쇠를 가지고 있다. 19 그러므로 너는, 네가 본 것과 지금의 일들과 이 다음에 일어날 일들을 기록하여라. 20 네가 본 내 오

른손의 일곱 별과 일곱 금 촛대의 비밀은 이러하다. 일곱 별은 일곱 교회의 심부
름꾼이요, 일곱 촛대는 일곱 교회다. (요한계시록 1:1-20)

　오늘부터 우리는 요한계시록에 나와 있는 소아시아의 일곱 교회
에 보낸 사도 요한의 편지를 살펴보게 됩니다. 우리는 요한계시록이
이해하기 매우 힘든 책이라는 선입관을 가지고 있습니다. 또한 요한
계시록은 특별한 사람들만 이해할 수 있는 책이라고 생각하기도 합
니다. 그 결과 요한계시록은 우리의 손에서 멀리 떨어져 있습니다.
반면에 요한계시록은 이단들과 사이비종교들의 전유물이 되고 말
았습니다. 이단과 사이비종교는 자기들만 요한계시록에 담긴 비밀
을 해석하고 풀어낼 수 있다는 속임수로 수많은 사람들을 미혹하여
넘어뜨리고 있습니다. 이단과 사이비 종교는 요한계시록을 미끼로
삼아 사람들을 세뇌시키는 도구로 악용하고 있습니다. 이단과 사이
비종교가 날뛰는 사이 요한계시록은 우리의 신앙생활과는 거리가
먼 책이 되고 말았습니다. 요한계시록이 가까이하고 읽고 묵상하기
에는 힘든 책이라는 우리의 생각과 태도는 잘못된 것입니다. 요한계
시록은 누구나 가까이할 수 있고 쉽게 읽을 수 있는 책입니다. 요한
계시록은 모든 성도들에게 열린 놀라운 주님의 말씀입니다.

요한계시록은 사도 요한이 기록한 글입니다. 요한은 이 글이 "예수 그리스도의 계시"(계 1:1)라는 말씀으로 시작합니다. 하나님께서 그리스도께 주신 것을 천사를 통하여 요한에게 알려주신 것입니다. 요한은 천사를 통하여 알게 된 계시의 내용을 "아시아에 있는 일곱 교회에 편지"(계 1:4)로 썼습니다. 요한계시록은 일상의 편지와 마찬가지로 축복의 인사말로 끝납니다. "주 예수의 은혜가 모든 사람에게 있기를 빕니다. 아멘."(계 22:21) 그러므로 요한계시록은 계시로 주신 예언의 말씀이 편지의 형식으로 기록된 회람 서신입니다. '계시'(아포칼립시스)라는 단어는 감추었던 것(칼립시스)을 벗겨서(아포) 밝히 보여준다는 뜻입니다. 그러므로 계시는 사람들이 보지 못하도록 하는 '묵시'와는 차이가 있습니다. 오히려 많은 사람이 쉽게 볼 수 있도록 열어 주신 말씀입니다.

　요한은 분명히 선언합니다. "이 예언의 말씀을 읽는 사람과 듣는 사람들과 그 안에 기록되어 있는 것을 지키는 사람들은 복이 있습니다. 그 때가 가까이 왔기 때문입니다."(계 1:3) 요한은 감추었던 것을 열어서 보게 해주신 이 말씀을 읽는 사람, 듣는 사람들, 기록된 말씀을 지키는 사람들은 복이 있다고 말씀합니다. 그러므로 요한계시록은 잘 읽고, 듣고, 지키도록 주신 말씀이지 어렵게 만들어서 이해하기 힘든 책으로 주신 것이 아니었습니다. 우리는 요한계시록을 해석해야 한다는 강박관념에서 벗어나 감사하는 마음을 가지고 주님의 음성으로 읽고 들을 때 복을 누릴 것입니다.

그러므로 요한계시록을 마치 자기들이 비밀을 풀어낸 것처럼 떠드는 사람들은 스스로 "이 책에 기록한 예언의 말씀을 듣는 모든 사람에게 증언합니다. 누구든지 여기에 무엇을 덧붙이면, 하나님께서 그에게 이 책에 기록한 재앙들을 덧붙이실 것이요"(계 22:18)라는 말씀을 거스르는 악한 사람들입니다. 그들은 거짓된 해석과 올무로 자기가 그리스도라고 말하고, 자기가 보혜사라고 말하면서 하나님을 거스르는 거짓의 사람들입니다. 계시록은 특이한 해석이 필요한 책이 아닙니다. 계시록은 읽고 듣고 주신 말씀대로 따라 행하면 하늘의 놀라운 복을 받는 책입니다. 사실 계시록은 그 자체적으로 상징적인 것에 대한 해석을 이미 해주고 있습니다.

예배를 통해 들려주시는 음성

우리가 계시록 1장 3절의 말씀을 자세히 주목해서 읽어 보면 특이한 점이 보입니다. 예언의 말씀을 읽는 '사람'은 한 사람인데, 듣는 '사람들'과 지키는 '사람들'은 복수로 되어 있습니다. 그렇다면 읽는 사람은 한 사람이고, 듣고 마음에 새기는 사람은 여러 명이라는 뜻인가요? 네, 맞습니다. 바로 그렇습니다. 이처럼 한 사람이 읽고 여럿이 듣고 마음에 새기는 모습은 특정한 상황과 연결되어 있음을 알 수 있습니다. 그것은 바로 예배입니다. 오늘 본문은 예배 인도자와 예배를 드리는 회중이 예배하며 서로 화답하는 일종의 예배 형식을 가지고 있습니다. 오늘 우리는 바로 이런 형식에 담아서 교독을 했습니다.

인도: 이제도 계시고 전에도 계셨고 장차 오실 이와 그의 보좌 앞에 있는 일곱 영과 또 신실한 증인이시요 죽은 사람들의 첫 열매이시요 땅 위의 왕들의 지배자이신 예수 그리스도께서 내려 주시는 은혜와 평화가, 여러분에게 있기를 빕니다.

회중: 예수 그리스도께서는 우리를 사랑하시며, 자기의 피로 우

리의 죄에서 우리를 해방하여 주셨고, 우리로 하여금 나라가 되게
하시어 자기 아버지 하나님을 섬기는 제사장으로 삼아 주셨습니
다. 그에게 영광과 권세가 영원무궁 하도록 있기를 빕니다. 아멘.

인도: 보아라, 그가 구름을 타고 오신다. 눈이 있는 사람은 다 그
를 볼 것이요, 그를 찌른 사람들도 볼 것이다. 땅 위의 모든 족속
이 그분 때문에 가슴을 칠 것이다.

회중: 꼭 그렇게 될 것입니다. 아멘.

[인도: 지금도 계시고 전에도 계셨고 앞으로 오실 전능하신 주 하
  나님께서 나는 알파요 오메가다 하고 말씀하십니다.]

또한 계시록의 마지막은 인도자의 축도와 회중의 응답으로 끝나
고 있습니다(계 22:20-21).

인도: … 내가 곧 가겠다.
회중: 아멘. 오십시오, 주 예수님!

인도: 주 예수의 은혜가 모든 사람에게 있기를 빕니다.

회중: 아멘.

이처럼 계시록은 읽고 듣는 예배의 방식을 통해서 주시는 하나님의 생명과 복의 말씀입니다. 초대교회에서 성도들은 우리처럼 손에 성경책을 가지고 있지 않았습니다. 단지 예배 시간에 인도자가 읽어 주는 것을 들었을 뿐입니다. 그리고 읽고 듣는 것으로 충분했습니다. 사도 바울도 에베소서에서 말씀합니다. "하나님께서는 나에게 그 비밀을 계시로 알려 주셨습니다. 그것은 내가 이미 간략하게 적은 바와 같습니다. 여러분이 그것을 읽어보면, 내가 그리스도의 비밀을 어떻게 이해하고 있는지를 알게 될 것입니다."(엡 3:3-4) 문제는 자의적으로 하나님의 말씀을 해석할 때 생겨납니다. 요한계시록은 이처럼 말씀을 읽고 듣고 마음에 품어 행함으로 복을 누리도록 주신 열린 말씀입니다.

밧모 섬의 요한에게 일어난 일

하나님의 계시가 요한에게 임하였을 때 요한은 밧모 섬에 유배되어 있었습니다. "예수 안에서 여러분의 형제요 예수 안에서 환난과 그 나라와 인내에 여러분과 더불어 참여한 사람인 나 요한은, 하나님의 말씀과 예수에 대한 증언 때문에 밧모라는 섬에 갇혀 있게 되었습니다."(9절) 밧모 섬은 현재 그리스에 속한 작은 섬으로 에게해의 남쪽에 있습니다. 지금은 삼 천 여명의 주민이 살고 있는 기독교인들의 순례지이지만, 사도 요한이 계시를 받을 당시에 이 섬은 종교, 정치범을 귀양 보냈던 유배지였습니다. 요한은 이 사실을 가리켜 자신이 환난 속에서 "예수에 대한 증언 때문에" 밧모 섬에 갇히

밧모섬의 성채

게 되었다고 기록했습니다. 로마 시대 네로 황제에 이어 가장 잔인하게 기독교인들을 박해하였던 도미티안 황제의 핍박으로 요한은 채석장이 있는 밧모 섬에 유배되었습니다. 90세에 가까운 요한은 너무 노쇠하여 노동에 참여하지는 않았을지도 모릅니다. 그는 그곳에서 하나님을 의지하며 하나님께 기도하는 가운데 놀라운 계시를 받았습니다. 현재 이곳에는 요한이 계시를 받아 기록했다는 요한의 동굴이 있으며, 성요한 수도원과 그리스 정교회의 신학교 건물이 남아 있습니다.

요한은 주님의 날에 "성령님에 사로 잡혀 나팔 소리처럼 울리는 큰 음성을 들었습니다."(계 1:10) 그 음성은 분명하게 말씀했습니다.

밧모섬

밧모섬의 성요한 수도원

"네가 보는 것을 책에 기록하여, 일곱 교회, 곧 에베소와 서머나와 버가모와 두아디라와 사데와 빌라델비아와 라오디게아의 교회로 보내라."(계 1:11)

이처럼 요한계시록은 소아시아 지역의 일곱 교회에 보내려고 기록되었습니다. 요한계시록의 수신자는 일곱 교회입니다. 이 일곱 교회는 상상의 교회가 아닙니다. 당시에 실제로 존재했던 교회들로, 사도 요한이 직접 목회하면서 돌보았던 교회들입니다.

요한이 음성이 들려오는 곳을 보려고 돌아서니 놀라운 광경이 펼쳐졌습니다. 요한은 예수 그리스도의 모습을 보았습니다. "일곱 금촛대가 있는데, 그 촛대 한가운데 '인자와 같은 분'이 계셨습니다. 그는 발에 끌리는 긴 옷을 입고, 가슴에는 금띠를 띠고 계셨습니다. 머리와 머리털은 흰 양털과 같이, 또 눈과 같이 희고, 눈은 불꽃과 같고, 발은 풀무불에 달구어 낸 놋쇠와 같고, 음성은 큰 물소리와 같았습니다. 또 오른손에는 일곱 별을 쥐고, 입에서는 날카로운 양날 칼이 나오고, 얼굴은 해가 강렬하게 비치는 것과 같았습니다."(계 1:12-16) 이것이 요한이 본 예수 그리스도의 형상이었습니다. 그리스도의 옷, 가슴, 머리, 머리털, 눈, 발, 음성, 오른손, 입, 얼굴의 모습을 보았습니다.

이런 모습을 본 요한은 그분의 발 앞에 엎드리어 죽은 사람과 같이 되었습니다. 그때 그리스도께서 오른손을 얹으시더니 말씀하셨습니다. "두려워하지 말아라. 나는 처음이며 마지막이요, 살아 있는 자다. 나는 한 번은 죽었으나, 보아라, 영원무궁 하도록 살아 있어서, 사망과 지옥의 열쇠를 가지고 있다. 그러므로 너는, 네가 본 것과 지금의 일들과 이 다음에 일어날 일들을 기록하여라."(계 1:17-19) 이 엄청난 광경은 예수 그리스도의 주권을 그대로 드러냅니다.

그리스도는 교회의 주님이십니다.
"오른손에는 일곱별을 쥐고"(16절)
그리스도는 심판의 주님이십니다.
"입에서는 날카로운 양날 칼이 나오고"(16절)
그리스도는 우주의 주님이십니다.

"얼굴은 해가 강렬하게 비치는 것과 같았습니다"(16절)

그리스도는 시간의 주님이십니다.

"나는 처음이며 마지막이요"(17절)

그리스도는 부활의 주님이십니다.

"살아 있는 자다. 나는 한 번은 죽었으나, 보아라, 영원무궁 하도록 살아 있어서"(18절)

그리스도는 음부의 주권자이십니다.

"사망과 지옥의 열쇠를 가지고 있다."(18절)

이 놀라운 주님이신 그리스도께서 말씀하십니다. "네가 본 것과 지금의 일들과 이다음에 일어날 일들을 기록하여라. 네가 본 내 오른손의 일곱별과 일곱 금 촛대의 비밀은 이러하다. 일곱별은 일곱 교회의 심부름꾼이요, 일곱 촛대는 일곱 교회다."(19-20절) 주님은 이미 본 것과, 지금의 일과 다음에 일어날 일을 기록하라고 하십니다. "이미 본 것"은 요한이 지금 본 것을 말합니다. 또한 "지금의 일"과 "장차 될 일"은 이후에 이어지는 계시록 2장에서 22장까지의 내용에 해당됩니다. 여기서 장차 될 일은 단순히 미래적인 것만을 의미하지 않습니다. 계시록 안에는 이미 일어난 사건도 나타나기 때문입니다.

이제 그리스도는 요한에게 본 것에 대해 즉, 오른손의 일곱별과 일곱 금 촛대의 비밀에 대해 직접 해석해 주시는데, 일곱별은 일곱 교회의 심부름꾼(사자)이며 일곱 촛대는 일곱 교회라고 밝혀주십니다. '사자(심부름꾼)'은 원래는 '천사(앙겔로스)'라는 단어인데 여기서는 '주의 종' 혹은 '교회의 일꾼'을 일컫는 말입니다. 각 교회에 주시는 말씀의 첫머리에 '앙겔로스'가 반복되어 나타납니다(계 2:1, 8, 12, 18, 3:1, 7, 14). 이렇듯 예수님은 많은 사람들이 혼란을 겪지 않도록 비밀을 풀어서 직접 설명해 주셨습니다. 지금까지는 비밀이었지만, 분명하게 풀어 주심으로 이 메시지를 전하고 받는 자들에게 그 의미를 확실하게 밝혀주셨습니다.

교회가 소망입니다

이렇게 주님께서 직접 비밀을 풀어주신 것은 주님의 관심과 초점이 주님의 사자와 주님의 교회에 있음을 보여줍니다. 주님은 마지막 때에 주님의 종들과 교회를 통하여 일하시겠다는 것을 분명히 드러내 보이셨습니다. 교회는 이 시대와 세상을 향한 진정한 소망입니다. 주님은 교회를 통하여 역사를 완성하시고 이루어가십니다. 주님은 이 땅에 구원할 영혼들과 구원받은 성도들의 승리의 삶에 마음을 두고 계십니다. 그러기에 주님은 교회들에게 말씀하십니다.

물론 이 세상의 교회가 완전하지는 않습니다. 그럼에도 불구하고 주님은 교회를 통하여 생명의 역사를 성취하실 계획을 가지고 계십니다. 교회는 주님의 거룩한 몸이며, 오직 예수님을 그리스도이시며 주님으로 고백하고 따르는 성도들의 모임입니다. 교회는 촛대입니다. 진리와 그리스도의 부활의 생명으로 세상을 밝히는 그리스도의 몸입니다. 성도들의 모임인 우리가 교회입니다. 그리고 교회의 주인은 예수 그리스도이십니다. 그러기에 촛대인 교회가 소망입니다. 예수님이 머리가 되시며 다스리시는 교회이기에 소망이 있습니다. 그러므로 주님은 마지막 때에 교회의 사자들에게, 그리고 그들을 통하여 교회의 성도들에게 말씀하십니다.

주님은 교회를 향하여 거룩하고 순결한 그리스도의 몸이 되라고 하십니다. 박해와 고난과 역경 속에서도 부활과 생명의 주님을 바라보고 신뢰하라고 하십니다. 이길 수 있다고 하십니다. 인내하라고 하십니다. 사랑하는 성도 여러분, 시대가 어둡고 절망적일수록, 그리스도의 몸인 교회에 끝까지 머뭅시다. 끝까지 주님을 의지합시다. 흔들리지 말고 하나님을 사랑하고, 서로 사랑하는 삶에 헌신합시다.

말씀을 잘 들으면 복이 됩니다

일곱 교회에 주신 말씀은 모두 다음과 같은 동일한 문구로 끝납니다. "귀가 있는 사람은, 성령이 교회들에 하시는 말씀을 들어라." 일곱 번 모두 이와 같은 공식 문구로 끝납니다. 물론 계시록의 첫 번째 수신자는 일곱 교회의 사자들입니다. 그리고 각 교회의 사자는 성령님의 인도하심을 따라 예배 시간에 예언의 말씀을 읽어주었습니다. 이렇게 일곱 교회의 성도들은 성령님의 말씀을 들었고, 그 가운데 기록한 것을 지키는 삶으로 초대받았습니다. 그러나 이 말씀은 또한 온 세상의 교회를 향한 말씀입니다. 일곱 교회에 주신 말씀은 모두 그 한 교회가 아니라 "교회들에게 하시는 말씀"으로 선언되었습니다. 그러므로 일곱 교회에 주신 말씀은 성령님이 모든 교회들에게 직접 말씀하시는 예언입니다. 소아시아의 일곱 교회가 첫 번째 수신자라면, 우리는 두 번째 수신자인 셈입니다.

사랑하는 성도 여러분, 우리는 성령님이 하시는 말씀을 잘 들어야 합니다. 우리는 성령님의 말씀을 잘 듣는 교회가 되기에 힘써야 합니다. 우리 교회의 모든 성도들은 성령님의 말씀에 귀를 기울이며, 듣는 귀가 활짝 열려지기를 축복합니다. 말씀이 우리를 살립니다. 말씀에 소망이 있습니다. 말씀에 생명이 있습니다. 말씀에 해답이 있습니다. 말씀에 하나님의 뜻과 계획이 담겨 있습니다. 말씀을 공부하고 듣는 자리를 사모하십시오. 말씀을 듣는 일을 결코 뒤로 미루지 말고 앞장서십시오. 하나님은 언제나 말씀을 통해 우리에게 다가오시며, 말씀을 통하여 우리에게 하나님의 뜻을 보여주십니다. 진정한 복은 말씀에서 옵니다. 우리 모두에게 말씀의 복이 넘쳐나기를 축복합니다.

말씀을 지키면 복이 됩니다

말씀을 잘 듣는 것은 말씀을 잘 지키는 것을 의미합니다. 요한은 무엇이 복인지 분명하게 가르쳐줍니다. "이 예언의 말씀을 읽는 사람과 듣는 사람들과 그 안에 기록되어 있는 것을 지키는 사람들은 복이 있습니다. 그 때가 가까이 왔기 때문입니다."(계 1:3) 지금이야 말로 말씀을 듣고 지켜야 할 때입니다. 때가 가까울수록 말씀을 듣고 지키는 성도가 복된 성도입니다. 때가 가까울수록 우리의 일상의 삶에서 말씀을 지키기에 힘써야 합니다. 요한계시록의 말씀은 우리를 일상에서 멀어지게 만드는 것이 아니라, 일상에 더욱 성실하고 충성되게 만들어줍니다. 일상 속에서 말씀을 지키는 성도는 말씀에 담긴 언약이 이루어지며, 약속해주신 주님의 복의 말씀이 성취되는 삶을 살게 될 것입니다.

우리에게 부족한 것은 말씀을 지키려는 순종과 결단입니다. 하나님의 말씀은 우리에게 열려있습니다. 우리가 말씀을 지킨다는 것은 언제나 삶의 예배자로 살아가는 성도가 되는 것입니다. 성령님이 교회에 주시는 말씀에 귀를 기울입시다. 성령님의 말씀을 지키기에 힘씁시다. 어두운 이 시대에 세상에 소망이 되는 복되고 거룩한 교회로 아름답게 세워지기를 축복합니다.

귀가 있는 사람은, 성령이 교회들에 하시는 말씀을 들어라.
이기는 사람에게는, 내가 하나님의 낙원에 있는
생명나무의 열매를 주어서 먹게 하겠다.

(요한계시록 2:7)

Chapter 2

첫 사랑을
찾아서
– 에베소 교회

에베소에 있는 도미티안 신전 터

1 에베소 교회의 심부름꾼에게 이렇게 써 보내라. '오른손에 일곱 별을 쥐시고, 일곱 금 촛대 사이를 거니시는 분이 말씀하신다. 2 나는 네가 한 일과 네 수고와 인내를 알고 있다. 또 나는, 네가 악한 자들을 참고 내버려 둘 수 없었던 것과, 사도가 아니면서 사도라고 자칭하는 자들을 시험하여 그들이 거짓말쟁이임을 밝혀 낸 것도, 알고 있다. 3 너는 참고, 내 이름을 위하여 고난을 견디어 냈으며, 낙심한 적이 없다. 4 그러나 너에게 나무랄 것이 있다. 그것은 네가 처음 사랑을 버린 것이다. 5 그러므로 네가 어디에서 떨어졌는지를 생각해 내서 회개하고, 처음에 하던 일을 하여라. 네가 그렇게 하지 않고, 회개하지 않으면, 내가 가서 네 촛대를 그 자리에서 옮기겠다. 6 그런데 네게는 잘 하는 일이 있다. 너는 니골라 당이 하는

일을 미워한다. 나도 그것을 미워한다. 7 귀가 있는 사람은, 성령이 교회들에 하시는 말씀을 들어라. 이기는 사람에게는, 내가 하나님의 낙원에 있는 생명나무의 열매를 주어서 먹게 하겠다.' (요한계시록 2:1-7)

교회

제 마음에는 항상 큰 주제가 자리를 잡고 있습니다. 그것은 '교회'입니다. 어떤 교회가 진정으로 건강하고 바른 교회인가? 하나님이 기뻐하시는 교회는 어떤 교회인가? 이 시대에 우리 교회는 어떤 교회가 되어야 하나? 우리 교회는 지금 바르게 가고 있나? 주님은 우리 교회에 무슨 말씀을 하고 계신가? … 이 모든 생각과 물음에 답을 줄 수 있는 것은 오직 하나 하나님의 마음, 하나님의 말씀입니다.

우리가 교회를 생각할 때 중요한 것은 우리의 생각이나 마음이나 계획이 아니라, 하나님의 마음과 뜻과 기대입니다. 우리가 원하는 교회가 아니라, 하나님께서 원하시고 기대하시고 기뻐하시는 교회가 되는 것이 중요합니다. 우리의 마음에 맞는 교회가 아니라, 하나님의 마음에 합당한 교회가 되는 것이 중요합니다. 하나님이 바라시고 기뻐하시는 교회야말로 우리가 사모할 교회입니다. 예수 그리스도는 교회의 머리이시며, 교회의 주인이십니다. 그러므로 진정한 교회는 예수님이 원하시는 교회입니다. 참된 교회는 예수님이 바라시는 모습의 교회이며, 예수님의 뜻에 맞는 교회입니다. 우리는 그리스도께서 천사를 통해 사도 요한에게 주셨던 계시의 말씀을 봅니다. 이 말씀은 소아시아 지역의 일곱 교회 사자들에게, 그리고 교회들에게 주신 말씀입니다. 우리는 깊은 관심과 기대와 두려움으로 성령님께서 교회들에게 주신 말씀을 듣습니다. 이 말씀에는 교회에 대한 주님의 판단과 기대와 뜻이 선명하게 드러나 있습니다. 주님은 소아시아의 일곱 교회들을 보시면서 그들에게 무엇을 기대하시는지, 무엇이 주님을 기쁘시게 하였고, 무엇이 주님의 기대에 미치지 못하였는지 분명하게 말씀하셨습니다. 그들을 칭찬도 하시고, 책망도 하시고, 경고도 하시고, 소망의 약속도 주셨습니다. 오늘 우리는 그 첫 번째 교회인 에베소 교회에게 주신, 그리고 우리에게 주시는 말씀을 봅니다.

에베소(셀축)

에베소는 요한이 유배되었던 밧모섬에서 일곱 교회 중 가장 가까운 거리에 있는 도시였습니다. 에베소는 당시 아시아의 수도라고 불릴 만큼 크고 중요한 도시였습니다. 로마에서 동방으로 가는 무역로가 에베소를 지났으며, 무역으로 인해 상업이 번창하는 도시였습니다. 에베소는 당시 세계 최고의 도시들 가운데 하나로 꼽혔습니다. 수많은 순례자들이 에베소의 아데미 신전에서 제사하려고 몰려들었습니다. 에베소에 세워진 이오니아식의 아데미(다이아나) 신전은 세계 7대 불가사의 중 하나로 꼽힐 정도입니다. 바울이 에베소에 머

에베소의 원형극장

물 때에 은장색 데메드리오로 인하여 일어난 폭동으로 수많은 군중이 모였던 원형극장이(행 19:29) 24,000명을 수용할 수 있는 시설임을 고려한다면, 에베소에는 20만 명이 넘는 사람들이 살고 있었음을 알 수 있습니다. 그리고 이 많은 사람들 가운데 예수님을 따르는 소수의 무리들이 있었습니다.

에베소의 기독교 공동체는 바울로부터 시작되었습니다. 바울은 선교 초기부터 에베소에 가고자 하였는데, 누가에 의하면 바울은 특히 2차 선교여행에 올랐을 때에 에베소를 방문하려고 하였습니다. 그러나 "아시아에서 말씀을 전하는 것을 성령이 막으시므로"(행 16:6) 그들은 에베소가 아니라 브루기아와 갈라디아 지방을 거쳐서 가는 길을 택하였습니다. 하지만 다행스럽게도 2차 여행에서 돌아오는 길에 잠시 에베소를 방문하였으며 이때 바울은 에베소야말로 복음 전파를 위한 전략적인 요충지라는 것을 확인하였습니다.

그래서 바울은 3차 선교여행 때에는 곧바로 에베소로 향하였으며 그 곳에서 2년 반 동안 지냈습니다. 그는 에베소를 방문하였을 때에 개인적으로 사람들을 찾아 방문을 하거나, 대중들 앞에서 강론을 하면서 복음을 전하였습니다. 이후 바울은 에베소를 떠나면서 디모데에게 교회를 맡겨서 교회를 튼튼하게 세우고 복음의 진리를 지키게 하였습니다. 바울이 로마에서 투옥되었을 때에는 에베소 교회에 편지를 보냈으며, 그 후 디모데에게도 두 통의 편지를 보냈습니다. 기독교 초기의 전승에 의하면 사도 요한은 디모데를 이어 에베소 교회의 지도자가 되었으며, 그가 쓴 요한일서는 에베소를 중심으로 한 교회에 보냈을 가능성이 큽니다.

요한이 소아시아 지역의 일곱 교회에 보낸 편지는 다음과 같은 동일한 구조로 이루어져 있습니다: 1) 말씀하시는 그리스도의 모습, 2) 칭찬으로 격려하심, 3) 책망으로 경고하심, 4) 권고의 말씀, 5) 이기는 자에 주시는 상급의 약속. 계시록에 나와 있는 일곱 교회들에 대해 예수님은 그 교회들이 잘한 일과 잘못한 일을 정확하게 진단하시고 판단하십니다. 어떤 교회는 칭찬을 듣고, 어떤 교회는 책망을 받습니다. 어떤 교회는 칭찬과 책망을 함께 받기도 합니다.

주님의 모습

에베소 교회의 사자에게 말씀하시는 주님의 모습은 "오른 손에 일곱별을 쥐시고 일곱 금 촛대 사이를 거니시는 분"(계 2:1)입니다. 그분은 위엄과 권능으로 모든 것을 통치하는 분이십니다. 그분은 촛대를 붙잡고 계시며, 촛대 사이를 거닐고 계십니다. '별'과 '촛대'는 무엇을 의미할까요? 주님은 '별'은 사자(심부름꾼)이며 '촛대'는 교회라고 말씀하셨습니다(계 1:20). 주님의 모습에서 중요한 점은 주님이 "알고 있다"(2절)고 말씀하신 것입니다. 주님은 교회들을 완벽하게 알고 계십니다. 그러므로 주님은 교회를 판단하시고, 칭찬하시고, 책망하실 수 있는 분입니다. 그분은 진정한 교회의 주인이 되십니다. 그리고 예수님은 지금도 우리를 보고 계십니다. 촛대 사이를 거니시면서 두루 살피고 계십니다. 그분 앞에 우리는 숨길 것이 없습니다. 모든 것은 주님 앞에 온전히 드러납니다. 지금도 주님은 교회를 보고 계십니다.

주님의 칭찬

1. 예수님을 위해 수고하는 교회

모든 것을 밝히 아시는 주님은 에베소 교회에 먼저 칭찬의 말씀을 해주십니다. "나는 네가 한 일과 네 수고와 인내를 알고 있다."(2절) 에베소 교회에 대해 주님은 "네 행위를 안다"고 하시면서 그들의 "수고"를 말씀하십니다. '수고'는 단순한 노력이나 헌신 이상의 의미를 가지고 있습니다. 에베소 교회는 주님과 사람들을 부지런히, 열심히, 힘을 다해 수고하여 섬긴 매우 활동적인 교회였습니다. 눈코 뜰 새 없이 충성스럽게 일하는 모습을 생각하면 그것이 에베소 교회입니다. 그들은 무슨 일이든 열정적으로 하였습니다. 그들은 끊임없이 수고하였습니다. 수고로운 일에 사람들이 언제나 북적거렸으며, 얼굴에는 땀이 흘렀으며, 그야말로 살아 움직이는 교회였습니다.

어느 교회를 방문하던지, 그 교회가 어떤 교회인지 다가오는 느낌이 있습니다. 쥐 죽은 듯이 조용한 교회가 있는가 하면, 사람들로 붐비고 웃음소리가 넘쳐나며 활력이 넘치는 교회도 있습니다. 우리 교회도 에베소 교회와 같이 수고의 열정이 넘치며, 열심히 수고하는 교회로 살아 있는 교회가 되기를 바랍니다. 에베소 교회가 뛰어난 수고의 교회였음을 잘 보여주는 한 가지 예가 있습니다.

에베소의 마그네시아 신전 외곽에는 당시에 쓰레기장이 있었습니다. 지금도 이 터가 남아 있습니다. 그런데 이곳은 에베소에서 가장 슬픈 곳이었습니다. 이곳은 부모가 원치 않는 신생아들이 쓰레기 더미에 버려져 뜨거운 태양의 열기 속에 죽어갔던 장소이기 때문입니다. 이렇게 아이들이 버려진 이유는 다양했습니다. 단지 아들이 아니기 때문에, 가난한 사람은 자녀를 키우는 것이 부담이 되어서, 기형으로 태어나서, 아기가 작게 태어났기 때문에 … 당시 이런 행동은 합법적이었습니다. 에베소의 유명한 학자 시라노스는 당시 산파들에게, 태어난 아기가 키울 가치가 있는지의 여부를 결정하기 위해 몸과 팔다리의 길이를 재고 판단하는 기준을 제시하기도 했습니다. 기준에 미치지 못하면 가족은 아기를 쓰레기장에 버렸습니다. 또한 아데미 신전에는 수백 명의 창녀들이 있었고 음란한 제사 의식으로 인해 생겨난 아기들은 이곳에 버려졌습니다. 퀘스트리언으로 불리는 최고의 신분을 가지고 있던 사람들은 자신들의 지위와 권력과 재산을 지키는데 자녀가 부담이 되면 가차 없이 아기를 버리기도 했습니다.

그런데 에베소의 그리스도인들은 쓰레기 더미에 버려진 아기들을 데려다가 키웠습니다. 시장에서 그리스도인들이 여러 아이들의 손을 잡고 가는 모습을 볼 때 에베소 사람들은 아마도 저 아이가 자신이 버린 아이일지도 모른다는 생각을 했을 것입니다. 에베소의 성도들은 예수님의 길을 걷는 사람들이었습니다. 그들은 예수님을 따르는 자들이었습니다. 예수님은 곧 생명의 주님이셨습니다. 어린이를 사랑하시고 생명을 존중하신 예수님을 따르는 것은 에베소의 성도들에게 당연한 일이었습니다. 에베소의 성도들은 세상 속에서 섬김으로 예수님의 모습을 보여주었습니다. 이웃들은 바로 이런 성도들의 모습에 대해 이야기를 하였으며, 그리스도인들은 사회에 인상 깊은 영향을 미쳤습니다. 그리스도인들은 분명히 일반 시민들과는 다른 사람들이었습니다.(RBC Ministries. The 7 Churches of Revelation. Part 1. DVD. 2013.)

에베소의 그리스도인들이 어떻게 이와 같은 수고로운 삶을 살 수 있었을까요? 사도행전 19장에는 바울이 에베소에서 세례를 베푼 이야기가 나옵니다. "그리고 바울이 그들에게 손을 얹으니 성령이 그들에게 내리셨다. 그래서 그들은 방언으로 말하고 예언을 했다."(행 19:6) 그렇습니다. 에베소 교회는 성령님의 충만함 속에 성령님의 능력이 넘친 교회였습니다. 에베소 교회의 수고와 사역의 열정은 바로 성령님의 능력과 은사로 인해 일어난 일이었습니다. 주님은 우리가 주님의 뜻에 합당한 교회가 되도록 주님의 영을 우리에게 부으시고 은사를 주셔서 그리스도의 몸을 세우게 하십니다. 성령님의 충만하심으로 사역과 수고가 일어나며, 활동적인 교회가 됩니다. 우리도 성령님의 능력 안에서 예수님을 위해 수고하는 교회가 되기에 힘써야 합니다.

2. 복음을 위해 인내하는 교회

셀수스 도서관

열정적이었던 에베소 교회의 성도들은 극심한 박해를 만났습니다. 에베소는 황제 숭배의 중심지였으며, 마술이 성행하였고, 모든 시민들은 여신 아데미를 숭배하였습니다. 바울이 에베소에서 목회할 때에 복음의 능력으로 말미암아 이방 종교 의식과 신전에 쓰이는 신상을 파는 사업에 매출이 떨어지자 큰 소동이 나기도 했습니다. 아데미 여신의 모형 우상을 만들던 은장이 데메드리오가 일으킨 소동은 잘 알려진 이야기입니다(행 19:21-41).

이렇게 바울의 수고로 시작된 에베소 교회였습니다. 그런데 요한이 편지를 썼을 때 바울은 이미 순교하였고 시간이 흘렀음에도 기독

에베소의 아고라(시장)

교인들은 여전히 배척을 받았습니다.

에베소의 그리스도인들이 당하는 불이익은 이루 말할 수 없었습니다. 사회적으로 왕따를 당해야 했으며, 삶의 터전을 상실하였고, 육체적인 폭력과 위협을 감수해야 했습니다. 에베소를 상징하는 가장 흔한 사진은 바로 셀수스 도서관입니다. 당시 12,000권의 도서를 갖추었던 에베소의 셀수스 도서관은 알렉산드리아(50만 권)와 버가모(20만 권)에 이어 세 번째로 큰 도서관이었습니다. 이 도서관 입구 옆에는 에베소의 대규모 무역이 성행하였던 시장(아고라)으로 들어가는 두 개의 큰 문이 있습니다. '마제우스와 미트리다테스의 문'으로 불려지는데, 노예에서 해방된 두 사람이 황제 아우구스투스에게 감사하여 헌정한 것입니다. 이 문에는 이렇게 쓰여 있습니다. "황제 아우구스투는 신이다." 사람들은 이 문을 통해 아고라로 들어갔는데 아고라는 당시 에베소 사람들의 모든 사회 활동과 생활의 중심지였습니다. 항구도시였던 에베소의 상업과 교제와 모든 생활이 이곳을 중심으로 이루어졌습니다. 에베소의 아고라는 당시 세상의 모든 것을 구할 수 있었던 국제시장이었던 셈입니다. 그런데 아고라로 들어가는 입구에는 늘 향불이 타오르고 있었고, 이곳으로 들어가는 사람들은 황제에 대한 충성의 표시로, 또한 황제는 신이라는 표시로 향을 넣어야 했습니다. 이것은 그리스도인들에게 엄청난 도전이었습니다. 그리스도인들은 향을 피울 것인지, 말 것인지 결정해야 했습니다. 향을 피우고 아고라로 들어가지 않으면 일상적인 삶을 사는 것이 쉽지 않았습니다.

또한 이 시장에서 위쪽으로 마블 거리를 건너면 창녀촌이 있었습니다. 큰 대로변에 창녀촌이 있는 것은 에베소 사람들의 일상적인 삶이 얼마나 방탕했는지를 잘 보여줍니다. 마블 거리에 있는 사람 발바닥 모양의 조각은 바로 이 발 보다 큰 사람이면 성인으로 인정되어 창녀촌에 들어갈 수 있는 허락을 받던 잣대로 알려져 있습니다.

에베소의 사창굴

국제무역으로 부유함과 동시에, 성적 타락이 성행했던 모습입니다.

당시 에베소에는 14개의 신전이 있었는데, 이 중에서 아데미 신전은 단연 최고의 지위를 가지고 있었습니다. 신전에는 중앙은행이 있었으며 도시의 모든 것이 이곳에 집중되었습니다. 그러므로 아데미 숭배는 도시의 자랑이었고 그만큼 하나님만 경배하는 그리스도인들에게는 엄청난 도전이었습니다. 게다가 에베소는 황제의 신전을 모신 도시였습니다. 당시 한 도시가 황제를 모시는 신전을 가지고 있다는 것은 가장 명예로운 것이었습니다. 그런데 에베소는 두 황제를 모시는 도시였습니다. 그들은 아우구스투스 황제와 도미티안 황제였습니다. 도미티안은 81년에서 96년까지 통치했는데, 그는 그리스도인들을 가장 참혹하게 박해한 황제로 사도 요한을 밧모 섬으로 유배 보낸 사람입니다. 도미티안은 자신의 신전을 세우는 곳으로 에베소를 선택했습니다. 에베소 도시를 내려다보는 자리에 도미티안 황제를 숭배하는 신전이 세워졌으며, 에베소 항구에 도착하면 첫눈에 보이는 것이 거대한 도미티안 황제상이었습니다. 황제 숭배는 그리스도인들에게 가장 큰 시험이었습니다. 황제는 자신을 구세주, 주님, 신의 아들, 신으로 불렀습니다. 모든 로마 제국에서 황제는 그렇게 숭배되었습니다. 모든 축제와 모임에서 시민들은 '황제는

주님이다'는 고백을 공적으로 해야 했으며, 에베소의 그리스도인은 이렇게 혼란스러운 상황에 직면했습니다.

이런 상황에서 에베소 교회의 성도들은 어떻게 했습니까? 그들은 인내하였습니다(2절). 그래서 주님이 말씀하셨습니다. "너는 참고, 내 이름을 위하여 고난을 견디어 냈으며, 낙심한 적이 없다."(3절) 그렇습니다. 에베소 교회는 엄청난 환란에도 불구하고 잘 견디어 냈으며, 결코 낙심하지 않았습니다. 그들은 직면한 박해와 환란으로 인하여 예수님을 부인하지 않았습니다. 예수님을 주님으로 고백하는 믿음을 지키기 위해 사회로부터 기꺼이 외면당했습니다. 낙심한 적이 없는 교회였습니다. 그래서 주님은 이들을 향하여 "네 수고와 인내를 알고 있다"(2절)고 말씀하셨습니다. 에베소 사람들은 에베소의 어떤 신전에서도 들을 수 없고 배우지 못했던 예수님의 길인 '원수사랑, 부모공경, 사랑의 자녀 양육, 주인에게 순종함, 신실과 선의로 행함'이라는 놀라운 생명의 가르침을 따르는 성도들로 인해 깊은 충격과 영향을 받았음에 틀림없습니다.

교회가 진정한 교회, 주님이 원하시고 하나님의 뜻에 합한 교회가 되려고 할 때 교회는 도전과 환란과 시험을 당합니다. 그러나 우리는 어떤 상황이나 환경에도 불구하고 아름다운 믿음의 공동체로 굳게 서는 복된 교회가 되어야 합니다. 에베소 교회처럼 어떤 환란에도 낙심하지 않는 교회가 되기를 바랍니다. 문제와 역경은 어느 때나 있습니다. 우리 교회는 낙심하지 않는 믿음의 유산을 물려주는 교회가 됩시다. 이것이 하나님이 기대하시는 것이며, 하나님이 인정하시는 교회의 모습입니다.

3. 진리를 지키는 교회

에베소 교회에 대한 주님의 칭찬은 더 있습니다. "네게는 잘 하는 일이 있다. 너는 니골라 당이 하는 일을 미워한다. 나도 그것을 미워한다."(6절) 이 말씀은 2절과도 연결됩니다. 2절 하반절에서 주님은 "사도가 아니면서 사도라고 지칭하는 자들을 시험하여 그들이 거짓말쟁이임을 밝혀냈다"고 하셨습니다. 어느 날 자칭 사도라고 하는 자들이 에베소 교회에 나타났습니다. 그들이 정확히 누구였으며, 무엇을 가르쳤는지는 알 수 없지만, 학자들은 사도행전에 나오는 "유대교에 입교한"(행 6:5) 안디옥 사람 니골라의 제자로 보기도 합니다. 그러나 중요한 점은 이들이 아시아의 온 교회들에게 자기들의 악한 교리를 퍼뜨리고 있었다는 것입니다. 버가모 교회에 보낸 편지에도 이들이 언급되고 있습니다(계 2:15).

사실 바울은 일찍이 에베소 교회의 장로들에게 장차 이단 교사들이 침입할 것이라고 경고하였습니다. "내가 떠난 뒤에 사나운 이리들이 여러분 가운데로 들어와서 양 떼를 마구 해하리라는 것을 나는 압니다. 바로 여러분 가운데서도 제자들을 이탈시켜서 자기를 따르게 하려고 어그러진 것을 말하는 사람들이 나타날 것입니다."(행

20:29-30) 그렇습니다. 니골라당은 양떼를 흩어버리는 사나운 이리떼였습니다. 그런데 에베소 교회의 성도들은 이들에 대해서 그냥 받아들인 것이 아니라, 이들이 옳은지 그른지, 이들의 가르침이 하나님께 속한 것인지 시험하였습니다. 에베소 교회의 성도들은 이들에 대해 "시험하여 그 거짓된 것을 드러냈습니다."(2절) 니골라 당은 그들의 가르침뿐만 아니라 행위도 거짓되었던 자들입니다. 예수님은 "나무가 좋으면 그 열매도 좋고, 나무가 나쁘면 그 열매도 나쁘다. 그 열매로 그 나무를 안다"(마 12:33)고 하셨습니다. 이처럼 이들의 행동은 거짓되었고, 이로써 이들의 가르침도 거짓이었음이 드러났습니다.

에베소의 성도들은 거짓의 사람들에게 속지 않았습니다. 에베소의 성도들에게는 분별하는 능력이 있었으며, 그들은 주님이 미워하시는 것을 미워하였습니다. 에베소의 성도들은 이 후에도 여전히 신앙적인 순결을 지켰으며, 이단이 들어설 틈을 주지 않았던 진리의 사람들이었습니다. 2세기 초 안디옥의 주교였던 이그나시우스는 에베소 교회의 성도들에 대해서 이렇게 말했습니다. "여러분은 진리 안에서 예수 그리스도에 관한 말이 아니면 아예 듣지 않습니다." 요즘 온갖 사이비와 이단이 넘치는 세상에서 에베소 교회처럼 진리 위에 굳게 서서 믿음을 지키는 교회가 되는 것은 무엇보다 중요하고 필요한 일입니다. 참 진리를 맛본 영혼은 거짓 속임수에 넘어가지 않으며, 시험하여 거짓된 것을 드러냅니다. 이렇게 에베소 교회는 배울 것이 많은 교회입니다. 섬기는 일에 힘썼으며, 고난 중에도 낙심치 않고 인내하였으며, 신앙의 진리를 굳게 지켜냈습니다. 그런데 안타깝게도 부족한 것이 하나 있었습니다.

주님의 책망
– 첫 사랑의 환희가 식어버린 교회

주님께서 말씀하셨습니다. "그러나 너에게 나무랄 것이 있다. 그것은 네가 처음 사랑을 버린 것이다."(4절) 주님의 눈에는 에베소 교회에 책망할 것이 분명하게 드러났습니다. 그들의 문제는 첫 사랑의 환희가 식은 것이었습니다. 예수님은 세상에 불법이 행할 때에 "많은 사람의 사랑이 식어지리라"(마 24:12)고 하셨습니다. 불행하게도 에베소 교회의 성도들의 뜨거운 마음이 식어버렸습니다. 포도나무에 가지가 붙어 생명을 얻고 열매를 맺듯이, 성도는 그리스도와 깊은 사랑의 관계를 통하여 생명을 얻습니다. 이스라엘 백성들이 하나님을 저버리고 우상을 섬기며 세상을 사랑하였을 때에 하나님은 선지자들을 통해 이들을 책망하시고 분노하셨습니다. 주님은 하나님의 새 이스라엘인 교회가 주님을 향한 뜨거운 사랑을 잃어버리는 것을 안타깝게 보셨습니다. 주님을 향한 처음 사랑이 식어버린 에베소 교회, 예수님을 향한 사랑의 기쁨과 환희가 사라진 에베소 교회를 향해 예수님은 아픈 마음으로 책망하실 수밖에 없었습니다.

사랑의 주님은 우리가 하나님의 사랑에 반응을 보이지 않을 때 슬퍼하십니다. 주님을 사모함이 더욱 깊어지며, 더욱 뜨거운 사랑으로 주님을 향해 나아가는 교회가 진정으로 살아있는 교회이며 참된 교회입니다. 그리스도인의 삶은 본질적으로 예수 그리스도와의 사랑의 관계입니다. 사랑이 식으면 모든 것은 생명을 잃고 맙니다. 식은 사랑은 아무런 기쁨도 활력도 기대도 만들어내지 못합니다.

에베소 교회는 비록 열심히 섬기는 일은 잘했지만, 결국 그들의 수고의 행위에서 사랑이 빠지고 말았기에 그들의 수고는 고역에 지나지 않았습니다. 사랑이 생명입니다. 사랑이 없으면 교회는 생명력을 잃어버립니다. 바울은 에베소 교회에 보낸 편지를 마치면서 축복의 말씀 가운데 "우리 주 예수 그리스도를 변함없이 사랑하는"(엡 6:24) 자들에게 복이 있을 것이라고 하였습니다. 이 권고에도 불구하고 30여년이 지난 후에 에베소 교회는 주님을 향한 변함없는 사랑을 잃어버렸던 것입니다. 그들은 열심히 일했지만 사랑이 없었습니다. 그들은 꿋꿋하게 어려움을 견디어 냈지만 사랑이 없었습니다. 그들은 진리 위에 서서 신앙의 정통성을 지켰으며 이단에 휘말리지 않았지만 사랑이 없었습니다. 사랑이 없는 수고는 고역일 뿐입니다. 아무리 내가 진리 위에 굳게 서 있다 하더라도 사랑이 지닌 온기와 아름다움을 잃어버린다면 생명력이 없는 형식과 자기 의와 자랑만 남습니다. 아무리 옳은 것을 주장하고, 옳은 길을 간다하더라도 사랑이 없으면 거기에는 감동도 기쁨도 없습니다.

예수님은 성경의 모든 가르침과 계명을 오직 두 글자로 요약하셨습니다. 그것은 '사랑'입니다. 예수님은 하나님을 사랑하고 이웃을 사랑하는 것이 모든 율법의 핵심이라고 다음과 같이 말씀 하셨습니다. "'선생님, 율법 가운데 어느 계명이 중요합니까?' 예수께서 그에게 말씀하셨다. '네 마음을 다하고, 네 목숨을 다 하고, 네 뜻을 다하여, 주 너의 하나님을 사랑하여라' 하였으니, 이것이 가장 중요하고 으뜸가는 계명이다. 둘째 계명도 이것과 같은데, '네 이웃을 네 몸과 같이 사랑하여라' 한 것이다. 이 두 계명에 온 율법과 예언서의 본뜻이 달려 있다."(마 22:36-40) 사랑이야말로 모든 법의 완성입니다. 바울은 고린도전서에서 지식보다 사랑이 크다고 말씀하였습니다. 사랑없는 지식은 교만하게 하지만 사랑은 덕을 세우기 때문입니다. 사랑은 성도들 안에 그리스도의 성품을 만들어갑니다. 사랑은 친밀한 인격을 만듭니다. 사랑은 심지어 믿음보다도 소망보다도 더 큽니다. 사랑은 영원하기 때문입니다.

주님의 권고

1. 생각하고 회개하라

사랑을 잃은 그들은 어떻게 해야 했습니까? "그러므로 네가 어디에서 떨어졌는지를 생각하여 회개하라."(5절) 그렇습니다. 자신이 무너진 곳을 찾아야 했습니다. 사랑이 식은 자리를 찾아야 했습니다. 그리고 그곳을 찾아 회개해야 했습니다. 회개는 삶의 방향을 180도 바꾸는 것입니다. 알고 있는 모든 죄를 단호하게 배척하는 것입니다. 회개는 기다릴 필요가 없습니다. 죄를 깨달았으면 즉각 돌이키는 것이 회개입니다. 첫사랑을 잃은 것을 고백하고 거기서 돌아서야 합니다. 넘어진 것을 아는 순간 일어서야 합니다.

2. 처음 행위를 가지라

뿐만 아니라 에베소 교회는 처음 행위를 회복해야 했습니다. "회개하고 처음에 하던 일을(처음 행위) 하라."(5절) 사랑이 식었을 때에 다시 사랑의 감정과 느낌과 뜨거움이 돌아오기만을 기다리는 것은 어리석은 일입니다. 당장 그 사랑을 회복하기 위해 힘써야 합니다. 잃어버린 사랑의 열정을 회복하고 되찾아야 합니다. 사랑이 회복되고 기쁨이 회복되고 소망이 회복되어야 합니다. 모든 일을 사랑으로 하는 삶으로 회복되어야 합니다.

3. 촛대가 옮겨지기 전에

주님은 계속해서 말씀하셨습니다. 만약 이 명령에 불순종하여 회개하지 않는다면 가장 불명예스러운 일이 일어날 것이라고 하셨습니다. "네가 그렇게 하지 않고 회개하지 않으면 내가 가서 네 촛대를 그 자리에서 옮기겠다."(5절) 촛대가 옮겨진 교회는 죽은 교회입니다. 소망이 사라진 교회입니다. 주님이 촛대를 옮기시는 것은 하나님의 임재가 떠나는 것입니다. 하나님의 영광이 떠나는 것입니다. 이 세상에서 저절로 영원히 안전을 보장받은 교회는 없습니다. 교회는 끊임없이 하나님의 말씀을 들어야 하며, 그 말씀에 순종해야만 합니다. 우리가 바르게 가지 않는다면, 우리가 잃어버린 것을 되찾는데 실패한다면 촛대는 옮겨지고 맙니다.

저는 이런 일이 일어나는 것이 너무나 두렵습니다. 아무리 사역이 일어나고, 수고와 땀이 있다하더라도 사랑을 상실하고 하나님의 촛대가 옮겨지는 교회가 된다면 그것은 완전한 실패입니다. 그렇게 되면 우리는 죽은 교회가 되고 맙니다. 에베소 교회를 향한 주님의 경고는 바로 우리에게 주시는 경고입니다. 주님은 잃어버린 처음 사랑을 회복하라고 하십니다. 우리가 아무리 열심히 사역을 하고, 이런 저런 일로 바쁘다 하더라도 그 속에 사랑이 빠졌다면 의미를 잃은 것입니다. 교회에 여러 사역이 있고, 좋은 양육과 훈련 프로그램도 있고, 어느 때 보다도 일하는 교회, 수고하는 교회의 모습을 가진

다 하더라도, 사랑이 없는 수고라면 이것은 하나님의 뜻과는 무관한 것입니다. 우리는 모두 첫 사랑의 뜨거움을 회복해야 합니다.

자신을 돌아봅시다. 하나님을 향한 사랑이 식었습니까? 성도들을 향한 사랑이 식었습니까? 지체하지 말고 회개하고 돌이킵시다. 촛대가 옮겨지기 전에 속히 돌이켜야 합니다. 잃어버린 처음 사랑을 되찾아야 합니다. 사랑이 식어진 것을 안타깝게 여겨야 합니다. 다시금 불일 듯 일어나는 사랑의 불꽃을 구해야 합니다. 뜨겁게 활활 타오르는 사랑으로 사역하고 봉사합시다. 사랑으로 수고하는 교회가 됩시다.

우리가 주님을 사랑하지 않는다면 교회의 불은 꺼집니다. 촛대가 옮겨진 교회, 불이 꺼진 교회는 어둠만 가득할 것입니다. 건물은 아름답고, 사역자들은 열심인데 촛불이 꺼진 교회라면 참된 교회일 수 없습니다. 사랑이 핵심입니다. 사랑이 전부입니다.

주님의 약속

돌이켜 사랑을 회복할 때 하나님은 놀라운 기쁨을 주실 것을 약속해 주셨습니다. "이기는 사람에게는 내가 하나님의 낙원에 있는 생명나무의 열매를 주어서 먹게 하겠다."(7절) 그렇습니다. 처음 사랑을 회복하고 이기는 자에게는 놀라운 은혜가 주어질 것이라고 말씀하셨습니다. 그들은 생명나무의 열매를 먹게 될 것이라고 하셨습니다. 무슨 뜻입니까? 하나님 나라의 영생을 누릴 것이라는 뜻입니다. 영생이란 바로 하나님을 알고 그 아들 예수 그리스도를 아는 것입니다(요 17:3). 사도 요한은 말씀하셨습니다. "우리가 사랑하는 것은 하나님이 우리를 먼저 사랑하셨기 때문입니다."(요일 4:19) 하나님이 우리를 먼저 사랑하셨습니다. 그래서 우리에게 아들 예수 그리스도를 보내 주셨습니다. 예수님은 우리를 위해 자기 몸을 아끼지 않으시고 내어주셨습니다. 뜨거운 십자가의 사랑으로 우리를 품어 주셨고, 우리를 받아주셨습니다.

사랑하는 성도 여러분, 우리 모두에게 이 사랑의 불꽃이 다시 타오르기를 축복합니다. 사랑의 불꽃이 타오르지 않는다면 우리의 수고도, 우리의 믿음도, 우리의 헌신도 무의미한 것입니다. 처음 사랑

이 우리의 마음에 뜨겁게 타오르기를 축복합니다. 오 주님, 주님의 그 사랑으로 우리의 식은 가슴에 사랑의 불꽃을 일으켜주옵소서. 강렬하게 타오르는 사랑의 사람이 되게 하옵소서. 뜨거운 사랑으로 달궈지는 교회가 되게 하옵소서. 아멘!

귀가 있는 사람은 성령이 교회들에 하시는 말씀을 들어라.

이기는 사람은 둘째 사망의 해를 받지 않을 것이다.

(요한계시록 2:11)

Chapter 3

고난을 이기는
충성
- 서머나 교회

서머나의 폴리캅 기념교회

8 서머나 교회의 심부름꾼에게 이렇게 써 보내라. '처음이며 마지막이요, 죽으셨
다가 살아나신 분이 이렇게 말씀하신다. 9 나는 네가 당한 환난과 궁핍을 알고 있
다. 그런데 사실 너는 부요하다. 또 자칭 유대 사람이라는 자들에게서 네가 비방을
당하고 있는 것도, 나는 알고 있다. 그러나 사실 그들은 유대 사람이 아니라 사탄의
무리다. 10 네가 장차 받을 고난을 두려워하지 말아라. 보아라, 악마가 너희를 시
험하여 넘어뜨리려고, 너희 가운데서 몇 사람을 감옥에다 집어넣으려고 한다. 너
희는 열흘 동안 환난을 당할 것이다. 죽도록 충성하여라. 그리하면 내가 생명의 면
류관을 너에게 주겠다. 11 귀가 있는 사람은, 성령이 교회들에 하시는 말씀을 들어
라. 이기는 사람은 둘째 사망의 해를 받지 않을 것이다.' (요한계시록 2:8-11)

서머나(이즈미르)

우리가 두 번째로 만나는 교회는 서머나 교회입니다. 서머나는 앞에서 보았던 에베소 교회에서 북쪽으로 약 55km 떨어진 곳에 있습니다. 현재는 이즈미르라고 불리는데 터키의 3대 도시이며, 이스탄불 다음으로 큰 항구입니다. 서머나는 당시 가장 아름다운 항구의 하나로 유명하였습니다. 뿐만 아니라 유럽의 아테네로 갈 수 있는 가장 가까운 항구이기도 하였습니다. 천혜의 항구 덕택에 해상 무역이 활발하게 일어났으며, 소아시아 지역에서 가장 번창하던 도시였습니다. 또한 자연의 경관과 건축물로도 유명했습니다.

'서머나'라는 이름은 당시 가장 귀하고 비싼 향유인 '몰약'이라는 이름에서 왔습니다. 서머나는 당시 이 지역에서 몰약의 수출입에서 독점적인 지위에 있었습니다. 예수님이 탄생하셨을 때에 동방의 박사들이 예물로 가져왔던

서머나에서 생산된 향료

몰약은 서머나의 몰약이었을지도 모릅니다. 몰약은 향료로 뿐만 아니라, 시신을 보관하는데도 사용이 되었는데, 미라를 만드는 이집트에 많은 양을 수출하였습니다. 예수님이 십자가에서 죽으신 후에 장사되셨을 때에, 막달라 마리아와 다른 마리아가 예수님의 시신을 보살피려고 가져왔던 향품에는 서머나의 몰약이 있었을지도 모릅니다.

그러나 서머나 사람들이 가장 자랑스럽게 여겼던 것은 몰약도, 아름다운 경관과 항구도 아니었습니다. 서머나 사람들은 '서머나'라는 도시 자체를 가장 자랑스럽게 여겼습니다. 서머나는 외세의 침입은 물론 지진과 화재로 여러 번 파괴되고 폐허가 되었지만 알렉산더 대왕이 점령한 후 이곳을 재건하여 완전히 새롭고 놀라운 도시로 태어났습니다. 이후로 서머나 사람들은 '한때는 죽었으나…' 이제는 살아 있는 서머나라는 자부심이 대단했습니다. 지금도 발굴되고 있는 유적은 당시의 자랑할 만 했던 흔적을 그대로 보여줍니다. 당시 서머나 시민들이 새겨 놓은 기념비에는 "우리는 한때 죽은 도시였다. 그러나 이제 우리는 살아났다"는 기록도 있습니다.

주님의 모습

바로 이와 같은 배경 속에서 우리는 서머나 교회에 소개되는 주님의 모습에 놀라게 됩니다. 주님은 "처음이며 마지막이요, 죽으셨다가 살아나신 분"(8절)이십니다. 그리스도를 따르기 위해 죽음을 대면해야 했던 서머나의 성도들을 향해, '주님은 죽으셨다가 살아나신 분'이라고 선언하셨습니다. 서머나 사람들이 자랑하던 도시의 부활의 영화 속에서 박해받던 성도들에게 오직 그리스도께서 진정한 역사의 주인이시며, 참된 부활의 주님이심을 드러내신 것입니다. 우리는 서머나 교회가 언제 세워졌는지 정확히 알 수 없지만 바울의 3차 선교여행 초기에 에베소로 가던 길에 서머나를 거쳐 갔다는 전승을 발견할 수 있습니다. 알파와 오메가이신 부활의 주님은 서머나 교회에 무슨 말씀을 주셨을까요?

주님의 인정과 격려

주님은 에베소 교회에 그러하셨듯이, 서머나 교회에 대해서도 알고 있다고 하셨습니다. 또한 모든 교회에 대해서도 알고 있다고 하셨습니다. 주님은 말씀하셨습니다. "나는 네가 당한 환란을 알고 있다."(9절) 환란이라는 단어는 당시 죄수에게 행했던 고문을 의미합니다. 고문 가운데 하나는 사람을 바닥에 눕힌 후에 그 사람의 가슴 위에 돌을 하나씩 쌓아 올리는 것이었습니다. 돌을 하나씩 올려 놓을 때마다 점점 눌려 더 이상 숨을 쉴 수 없게 될 때까지 돌을 올려 놓았습니다. 주님은 지금 서머나 교회의 가슴을 짓누르는 무거운 돌이 있음을 알고 계셨습니다.

1. 박해, 투옥, 그리고 죽음의 환란

서머나 교회를 짓누르던 환란의 첫 번째 돌은 박해였습니다. 서머나 교회는 환난 가운데 있었습니다. 서머나 교회는 고난 받는 교회였습니다. 그들을 핍박하는 대적자들은 매우 공격적이었으며 잔인했습니다. 그러므로 서머나에서 기독교인으로 산다는 것은 매우 위험한 일이었습니다. 예수 그리스도를 믿는 사람들은 어떤 일을 당할지 몰랐습니다. 당시의 역사적인 상황으로 우리는 서머나의 성도들이 받은 핍박을 짐작할 수 있습니다.

주전 195년에 데아 로마(로마를 인격화한 여신) 신전이 서머나에 건축되었습니다. 또한 서머나는 로마 제국에 대한 애국적인 충성으로 명성을 얻고 있었습니다. 주후 25년을 전후하여 아시아의 많은 도시들이 황제 티베리우스 신전을 건축할 수 있는 총애를 얻기 위해 서로 경쟁을 벌였는데 서머나 혼자서 그 특권을 차지했습니다. 이러한 상황에서 당시 로마 제국과 황제에 대한 숭배는 서머나 시민들의 자랑이었습니다.

서머나에 살고 있던 그리스도인들은 에베소와 마찬가지로 이 도시에서 황제의 흉상 앞에 타오르는 불에 향을 뿌리는 것을 거부해야 했습니다. 성도들은 예수님을 주로 모셨기 때문에 황제를 주라고 부르지 않았습니다. 이런 그리스도인들의 모습은 애국심 없는 반역으로 보였습니다. 이처럼 서머나의 기독교인들이 박해를 받은 것은 황제숭배와 직접적인 관계가 있었습니다. 뿐만 아니라 당시 도시마다 섬기던 이방의 신들이 있었으며 그 신들에게 분향하고 제사하는 것이 일반 시민의 도리였습니다. 그러나 성도들은 그것을 거부했습니다. 당연히 그리스도인들은 온갖 박해와 고난을 감수해야 했습니다. 이처럼 주님에 대한 사랑을 지키려고 고난을 당하는 교회가 된다는 것, 그러면서도 그 고난으로 인해 위축되거나 무너지지 않는 교회가 된다는 것은 정말 놀라운 일입니다. 고난은 주님에 대한 사랑의 증거입니다. 주님을 사랑하면 세상이 미워하기 때문입니다.

서머나 교회의 가슴 위에 놓인 박해는 투옥과 죽음으로 이어졌습니다. 주님은 "네가 장차 받을 고난을 두려워하지 말아라. 보아라, 악마가 너희를 시험하여 넘어뜨리려고, 너희 가운데서 몇 사람을 감옥에다 집어넣으려고 한다"(10절)고 말씀하셨습니다. 서머나 교회는 감옥에 갇히는 시험을 받는 교회가 될 것이라는 말씀입니다. 기독교 초기의 사도들과 지도자들은 수 없이 투옥되었습니다. 당시 감옥에 갇힌다는 것은 불빛도 없이, 음식도 제대로 공급되지 않는 지하 굴에 갇히는 것이었습니다. 감옥의 최후는 불에 타 죽거나 사자의 밥이 되거나 십자가형을 당하는 것이었습니다. 그러나 신실한 그리스도인들에게 감옥은 죽음과 절망의 장소가 아니라 소망과 생명과 능력의 장소가 되었습니다.

서머나 교회뿐만 아니라, 기독교 역사를 통하여 예루살렘과 가이사랴와 빌립보와 로마 제국의 곳곳에서 그리스도인을 가두었던 감옥은 그리스도인들의 기도와 찬송으로 거룩해졌고, 어둡던 감옥은 그리스도의 임재로 밝아졌습니다.

2. 궁핍의 시험

서머나 교회를 짓누른 두 번째 돌은 궁핍, 곧 경제적인 어려움이 었습니다. 주님은 "내가 네 궁핍을 알고 있다"(9절)고 말씀하셨습니다. 무역이 번창하고 부유한 서머나에 가난한 시민들이 있었다는 것은 놀라운 일입니다. 서머나 교회의 성도들은 궁핍 가운데 있었습니다. 서머나 교회의 성도들은 경제적으로 낮은 소외 계층의 사람들이었는지 모릅니다. 바울의 말씀처럼 "육체를 따라 지혜 있는 자가 많지 아니하며 능한 자가 많이 아니하며 문벌 좋은 자가 많지 아니한"(고전 1:26) 교회였을 가능성도 있습니다. 아니면, 가난한 이들을 아낌없이 구제하느라 스스로 가난해졌을 수도 있습니다.

그러나 우리는 좀 더 구체적인 이유를 생각해 볼 수 있습니다. 로마 제국에서 그리스도를 위해 세상과 맞선다는 것은 가난으로 몰리는 길이었습니다. 황제 숭배를 하지 않는 자들은 직업을 잃었고, 조합에서 쫓겨났으며, 이방인들과 유대인들은 그리스도인들과 거래를 하려하지 않았습니다. 신실하고 바르게 살려고 한다면, 불의한 방법으로 손쉽게 이득을 얻을 기회를 버려야 했습니다. 히브리서의 말씀은 서머나의 성도들을 두고 하신 말씀 같습니다. "너희가 너희 산업

을 빼앗기는 것도 기쁘게 당한 것은 더 낫고 영구한 산업이 있는 줄 앎이라."(히 10:34)

성도와 교회가 경제적인 어려움에 처하는 것은 매우 큰 도전입니다. 더군다나 그리스도를 따르는 삶의 방식 때문에 재물을 쉽게 벌 수 없게 된다면, 그것은 성도가 감수해야 할 일입니다. 처음 교회의 성도들은 궁핍의 어려움에 의해 무너지지 않았습니다. 오히려 그것이 그들의 믿음을 더욱 강하고 깊게 만들었습니다. 주님은 궁핍에 처한 교회의 사자에게 말씀하셨습니다. "그러나 너는 부유하다."(9절)

주님은 서머나 교회를 향하여 가난한데 부유하다고 말씀하셨습니다. 주님이 부유하다고 말씀하신 것은 재물이 많기 때문이 아니었습니다. 은행 잔고가 많기 때문이 아니었습니다. 예수님은 말씀하셨습니다. "너희 가난한 자는 복이 있나니 하나님의 나라가 너희 것임이요… 삼가 모든 탐심을 물리치라 사람의 생명이 그 소유의 넉넉한 데 있지 아니하니라."(눅 6:20, 12:15) 그리스도인의 생명은 재물에 있지 않고, 오직 주님이신 예수 그리스도께 있습니다. 그리스도를 소유한 사람이 진정으로 부유한 자입니다. 소유의 많고 적음이 부유함을 결정하는 것이 아니라, 자신 안에 생명의 그리스도께서 계시는

지가 진정한 부유함을 결정합니다.

서머나 교회의 성도들은 이처럼 놀라운 믿음의 사람들이었습니다. 그들은 가난했으나 진정으로 부유한 자들이었습니다. 성도는 결국 돈으로 사는 것이 아니라, 하나님의 사랑과 말씀으로 살며 그리스도의 생명으로 살기 때문입니다. 서머나 교회는 재물의 노예가 되기보다는 하나님의 자녀가 되기를 선택하였고, 그리스도의 생명을 지니는 믿음을 지켰습니다. 이처럼 서머나에는 세상의 가치와 흐름에 역행하는 삶의 방식으로 살았던 성도들이 있었습니다.

3. 비방의 시련

서머나 교회 위에 놓인 세 번째 돌은 비방이었습니다. 주님은 말씀하셨습니다. "또 자칭 유대 사람이라는 자들에게서 네가 비방을 당하고 있는 것도, 나는 알고 있다."(9절) 교회가 세워지는 곳마다 유대인들은 기독교인들에 대해 악한 헛소문을 퍼뜨리면서 괴롭혔습니다. 비방에는 모함과 모독이라는 의미도 들어 있습니다. 서머나의 그리스도인들은 적대적인 유대인들로부터 거짓 비난을 받았으며 모독을 당하였습니다. 주님은 9절에서 이들을 가리켜 '사탄의 무리'라고 하셨습니다. 마귀는 중상하고 참소하는 자이기 때문입니다. 서머나의 그리스도인들은 유대인들의 헛된 비방과 중상으로 깊은 상처를 받았습니다. 누군가로부터 오해를 받거나 놀림을 받고 모독과 비난을 당하는 것은 견디기 어려운 일입니다. 서머나의 성도들은 비방의 무게로 짓눌렸습니다.

그리스도인들에 대한 유대들의 적대감은 바울이 선교할 때부터 노골적으로 드러났습니다. 그들은 바울을 따라다니면서 방해하고 괴롭혔던 무리들입니다. 비시디아 안디옥에서 바울의 말을 듣기 위해 많은 무리가 모이자 이를 시기하여, 사람들을 충동질하여 바울과 바나바를 성 밖으로 쫓아내게 한 사람들이 유대인들이었습니다. 이고니온과 루스드라까지 바울을 따라가서 사람들을 선동하여 바울을 돌로 치게 한 것도 유대인들이었습니다. 데살로니가에서 폭동을 일으키고, 고린도에서 맹렬하게 바울을 대적하였던 사람들도 유대인들이었습니다. 바울은 유대인을 목숨처럼 사랑하였으면서도, 치를 떨면서 "너희 피가 머리로 돌아갈 것이요 나는 깨끗하니라. 이후에는 이방인에게 가리라"(행 18:6)고 말한 적도 있습니다.

서머나 교회는 유대인들로부터 온갖 비방을 받아야 했습니다. 유대인들은 언제나 그리스도인들과 거리를 두려고 하였습니다. 그리스도인이라는 이름이 그들을 해친다고 믿었습니다. 로마 시대에 유대인들은 그들의 신앙을 예외적으로 인정받아 황제 숭배에서 면제되었습니다. 반면에 유대인들은 황제를 숭배하지 않는 그리스도인들을 회당에서 몰아냈습니다. 그들은 그리스도인들이 진탕 먹고 난잡하다고 중상 모략하였습니다. 성찬을 행하는 그리스도인들이 사람의 살을 먹고 피를 마시는 식인적인 의식을 행한다고 모략하였습니다. 그리스도인들이 서로를 형제자매로 부르며 사랑하는 것을 보면서 가정을 파괴하는 반가정적인 사람들이라고 비난하였습니다. 그들은 그리스도인들의 생활을 저급한 문화로 몰아붙였습니다. 그런데 주님은 이런 모든 것을 알고 계시다고 말씀하셨습니다. 서머나의 성도들이 온갖 중상과 비방과 비난에도 불구하고 주님을 따르는 걸음을 멈추지 않는 것을 인정해주시고 알아주셨습니다. 서머나의 성도들은 궁핍과 모함의 시련을 잘 견뎌냈습니다.

오늘 우리는 서머나 교회를 보면서 그들이 처했던 환경, 그들이 당했던 고난, 그들이 겪었던 고통, 그들이 감수했던 수모와 비방의 무게가 얼마나 컸을지 알게 됩니다. 주님의 교회는 고난 속에서 성숙합니다. 성도의 믿음은 고통 속에서 더욱 견고해집니다. 세상은 성도들에게 우호적이지 않습니다. 그들은 진리에 대한 관심이 아니라, 자신에게 유익이 되는지 안 되는지를 가지고 판단합니다. 그러나 우리는 어떤 상황에서도 주님의 이름을 지닌 성도로 살아가야 합니다. 우리 모두 끝까지 예수 그리스도를 따르고 닮는 삶을 포기하지 않기를 바랍니다. 소망 중에 즐거워함으로 모든 고난과 시험과 비방의 무게를 이겨내며 마침내 부활하신 승리의 주님의 영광에 참여하기를 축복합니다. 주님은 우리를 알고 계십니다. 우리를 보고 계십니다. 우리와 함께하십니다. 우리를 도우십니다. 고난을 이기는 충성스러운 성도로 승리합시다.

주님의 권고

주님은 계속되는 시련 속에 있는 서머나 교회에 권고의 말씀을 주셨는데, "죽도록 충성하라"(10절)고 하셨습니다. 박해를 당하는 신자들을 향해 주님은 '나를 위해 죽을 각오를 하라'고 하신 것입니다. 서머나와 모든 주변의 성도들에게는 순교가 오늘 바로 내게 다가올

수 있는 상황이었습니다. 박해와 투옥의 무게는 순교에 까지 이르렀습니다. 놀랍게도 주님은 그들에게서 고난을 없애주시겠다고 하지 않으셨습니다. 오히려 죽기까지 충성하여 흔들리지 말라고 말씀하셨습니다.

기독교 역사상 가장 대표적인 순교자로 알려진 사람이 바로 서머나 교회의 지도자였던 폴리캅(AD 69-156)입니다. 서머나에 가면 폴리캅 기념교회가 세워져 있고 그 건물 안에는 폴리캅의 순교 장면을 성화로 그려 놓았습니다. 현재는 가톨릭교회인 이 교회는 종교개혁이 진행되던 1520년에 폴리캅의 순교를 기념하여 세워졌다고 합니다. 사도 요한으로부터 가르침을 받았던 폴리캅은 요한계시록이 기록되었을 당시에 이미 서머나 교회

폴리캅 순교 성화

의 성도였을 것입니다. 터툴리안이나 이레니우스라는 교부들은 사도 요한이 직접 폴리캅을 서머나의 감독으로 임명했다고 증언하였습니다. 분명한 것은 폴리캅은 지금 우리가 읽고 있는 사도 요한의 계시록을 읽었으며, 죽도록 충성하라는 말씀을 받고 주님을 사랑하는데 헌신하였다는 것입니다.

교인들의 간곡한 부탁으로 서머나의 도시 밖에서 성도의 집에 머물면서 성도들과 교회를 위해 기도에 힘썼던 폴리캅은 어느 날 베개에 불이 붙는 꿈을 꾸었습니다. 그리고 그것이 자신의 죽음을 의미하는 것임을 알았습니다. 예상했던 대로 폴리캅은 총독이 보낸 군인들에 의해 체포되었습니다. 그때 그는 도망치려 하지 않았습니다. 오히려 자기를 잡으러 온 군인들에게 음식과 물을 대접하였습니다. 그리고 1시간 동안 기도할 시간을 달라고 요청하였습니다. 군인들은 폴리캅이 이렇게 나이가 많은 것에 놀랐고, 기도하는 모습을 보면서 이런 사람을 체포해야하는지 고민하였다고 합니다.

폴리캅을 호송하는 동안 담당 심문관이었던 장교는 폴리캅을 회유합니다. '황제를 숭배한다고 해서 나쁠 것이 없지 않소?' 그러나 폴리캅은 거부했습니다. 결국 폴리캅은 마차 밖으로 밀쳐지고 원형 극장의 총독 앞으로 끌려갔습니다. 총독은 그에게 묻습니다. '목숨이 아깝지 않느냐? … 시저의 이름으로 맹세해라. 그러면 내가 그대를 풀어 주겠다. 그리스도를 욕하라.' 폴리캅은 대답했습니다. '지난 86년 동안 그분을 섬겼고 그분은 내게 잘못하신 일이 하나도 없소. 그런데 내가 어찌 나를 구원하신 나의 왕을 모독할 수 있단 말이오?' 총독은 다그쳤습니다. '내게는 사나운 맹수들이 있다. 네가 마음을 바꾸지 않으면 맹수들 앞에 던져 버리겠다.' 그러자 폴리캅은 '맹수들을 부르시오'라고 대답했습니다. '네가 맹수들을 얕보니 불로 죽여주겠다.' 그러자 성난 유대인들과 이방인들은 장작을 모아 더미를 쌓아 화형을 준비했습니다. 화형 기둥 옆에 선 폴리캅은 피하지 않을 테니 자기를 묶지 말라고 말한 뒤 기도했습니다. '오 전능하신 주 하나님, 사랑하는 아들 예수 그리스도의 아버지여, 저희들은 예수님을 통해 아버지를 알게 되었습니다…. 오늘 이 시간 저를 그리스도의 잔에 동참하기에 합당한 자로 여기서서 순교자들의 대열에 두시니 감사합니다.' 그리고 장작더미에 불이 붙여졌습니다. 그러나 이상하게도 바람이 거세게 불어 폴리캅을 태우려는 장작더미에 불이 제대로 붙지 않았습니다. 결국 병사가 칼로 그를 찔렀고 폴리캅은 그렇게 순교했습니다. 그날은 156년 2월 23일이었습니다.

이처럼 감옥과 죽음의 환란에 직면한 교회였지만 죽기까지 주님을 사랑한 교회가 바로 서머나 교회였습니다.

1. 주님은 교회를 고난으로 부르신다

서머나 교회에 주신 고난의 부르심은 모든 교회에 주시는 부르심입니다. 고난은 참된 교회와 성도의 필수적인 표지입니다. 예수님은 산상수훈에서 "나를 인하여 너를 욕하고 핍박하고 거짓으로 너희를 거스려 모든 악한 말을 할 때에는 너희에게 복이 있나니 기뻐하고 즐거워하라. 하늘에서 너희의 상이 큼이라"(마 5:11-12)고 말씀하셨습니다. 또한 예수님은 "세상에서는 너희가 환란을 당하나 담대하라 내가 세상을 이기었노라"(요 16:33)고 말씀하셨습니다.

위대한 믿음의 선조들은 예수님의 이 가르침을 기록하였고, 받아들였으며, 모든 고난을 겪었고 견디었습니다. 바울을 보면 그는 옥에 갇히고 매를 맞고, 배가 파선되고, 돌에 맞았지만, 오히려 고난을 받는 것을 감사하고 기뻐하면서 "무릇 그리스도 안에서 경건하게 살고자 하는 자는 핍박을 받으리라"(딤후 3:12)고 하였습니다.

그렇습니다. 고난은 참된 교회의 보증서입니다. 나치 치하에서 순교한 본회퍼 목사님은 "제자가 되는 것은 그리스도께 대한 충성을 의미한다. 따라서 기독교인들이 고난으로 부름을 받는 것은 전혀 놀랄 일이 못 된다"고 말하였습니다. 고난을 두려워하지 않는 담대한 교회가 됩시다. 예수님의 고난의 잔에 동참하기를 두려워하지 않는 교회가 됩시다. 오히려 고난을 통해 정금같이 아름답게 변화되는 우리 교회가 되기를 축복합니다.

2. 타협하지 않는 교회는 고난을 받는다

우리는 육신을 가지고 있기 때문에 고난을 두려워합니다. 우리는 고난을 피하려고 하며 타협하기 쉽습니다. 우리는 언제나 진리에 침묵함으로 고난을 피하려는 유혹을 받습니다. 정직한 사업, 순결한 결혼, 탐심이 없는 마음, 절제와 자기희생, 섬김과 겸손… 이와 같은 것들은 이 세상에서 인기가 없으며 멸시받는 시대입니다. 이런 시대에 우리는 주님의 진리와 말씀에 순종하며 세상과 타협하지 않는 성도와 교회가 되어야 합니다.

하나님의 칭찬보다 사람의 칭찬을 원하며, 하나님의 뜻보다 사람의 뜻을 바란다면 고난은 없겠지만 그것은 신실한 그리스도인의 모습이 아닙니다. 우리가 타협을 하지 않을수록 고난과 역경은 더욱 커질 것입니다. 주님은 오늘 우리를 고난의 길로 부르십니다. 타협하지 말라고 하십니다. 세상의 불의와 타협하지 말라고 하십니다. 사탄의 유혹과 타협하지 말라고 하십니다. 핍박과 환난을 두려워하지 말고 주님을 위해 고난을 받으라고 하십니다. 주님을 진정으로 사랑한다면 고난을 받으라고 하십니다. 사랑하는성도 여러분, 과연 고난 중에도 계속 주님을 믿고 신뢰할 수 있습니까? 그분의 말씀을 끝까지 신뢰할 수 있습니까? 예수님에 대한 분명한 믿음과 신뢰만이 우리를 담대하게 고난의 길로 걸어가게 할 것입니다. 고난을 두려워하지 않는 확고한 믿음의 성도들이 되기를 축복합니다.

예수님은 모든 것을 아신다

예수님은 "내가 네 환난을 안다"(9절)고 하셨습니다. 여러분, 고난과 어려움 가운데 있습니까? 기억하십시오. 주님은 모든 것을 알고 계십니다. 우리가 겪는 아픔을 알고 계십니다. 우리의 두려움도 알고 계십니다. 우리의 역경과 시련도 알고 계십니다. 우리의 궁핍함도 알고 계십니다. 촛대 사이를 거니시는 주님은 모두 알고 계십니다. 우리를 가까이에서 보고 계시며, 이해하고 계시며, 우리의 고난 중에 우리와 함께하시는 분이십니다. 주님은 언제나 우리의 모든 어려움과 시련과 역경과 아픔을 아신다는 믿음으로 위로와 소망을 얻기 바랍니다. 주님이 알고 계시다는 것만으로도 힘과 용기를 얻게 되기 바랍니다. 우리의 고난과 신실함을 아시는 주님은 우리를 버려두지 않으시기 때문입니다.

예수님은 승리의 주님이시다

또한 우리는 예수님이 승리의 주님이시라는 믿음을 가져야 합니다. 8절에서 주님은 죽음을 이기시고 부활하신 분임을 분명하게 말씀하셨습니다. 그분이 우리에게 죽도록 충성하라고 하신 것은 그분 자신이 "죽기까지 복종하시고 십자가에서 죽으셨기"(빌 2:8)때문입니다. 예수님은 죽음의 고난을 당하셨지만, 죽음을 정복하고 이기셨습니다. 할렐루야! 이제 사망과 음부의 열쇠까지도 주님의 손 안에 있습니다(계 1:18). 그분은 모든 사탄의 세력과 죽음까지도 우리에게서 멸하시는 분이십니다.

주님의 약속

그렇습니다. 예수님은 모든 것을 주관하시는 진정한 주가 되십니다. 예수님이 허용하시지 않는 한 어떤 고난도 우리를 삼킬 수 없습니다. 승리의 주님은 고난을 두려워하지 않는 우리에게 승리를 주실 것입니다. 그리고 고난을 끝까지 견디는 자에게는 놀라운 은총을 베풀어 주실 것입니다. 주님은 약속의 말씀을 주셨습니다. "너희는 열흘 동안 환난을 당할 것이다. 죽도록 충성하여라. 그리하면 내가 생명의 면류관을 너에게 주겠다. 귀가 있는 사람은, 성령이 교회들에 하시는 말씀을 들어라. 이기는 사람은 둘째 사망의 해를 받지 않을 것이다."(10-11절). 이처럼 서머나 교회에는 책망의 말씀이 없이 약속의 말씀이 선포되었습니다.

'열흘 동안'은 당시에 짧은 기간을 의미합니다. 십년이나 백년이 아니라 열흘입니다. 환난이 영원하지 않다는 뜻입니다. 환난의 마지막이 있다는 말씀입니다. 그러나 '열'이라는 숫자는 완전을 의미하듯이, 이 환난은 작지 않은 환란이며 충분한 환란이 될 것임을 의미합니다. 또한 환난의 마지막에는 생명의 면류관이 있다고 말씀하셨습니다. 그러기에 죽기까지 신실하고 충성되라는 것입니다. 그리하면 생명의 면류관을 주겠다고 하셨습니다. 면류관은 당시 서머나의 시민들에게는 가장 익숙한 상징이었습니다. 서머나를 상징하는 문양이 면류관이었습니다. 서머나는 당시 '이오나의 면류관'으로 불렸으며, 서머나에서 만들어진 동전에는 서머나의 파구스 언덕의 성채를 상징하는 면류관이 주조되어 있었습니다. 승리와 대축제와 황제의 전쟁을 나타내는 면류관은 서머나의 시민들이 열망하고 자랑하고 추구했던 것입니다. 그리스도인들은 이방신과 황제를 섬기던 사회 속에서 세상적인 면류관의 기쁨을 전혀 누리지 못했습니다.

이오나의 면류관이 새겨진 고대 동전

그러나 주님은 세상의 면류관과는 비교도 되지 않는 '생명의 면류관'을 주겠다고 하셨습니다. 게임은 끝나지 않았습니다. 죽도록 충성하는 성도들에게는 최후의 승리가 기다리고 있습니다. 영원한 생명이 기다리고 있습니다. 또한 "둘째 사망의 해를 받지 아니할 것"(11절)이라고 말씀하셨습니다. '둘째 사망'에 대해서는 계시록 20장 14절에서 "사망과 지옥이 불바다에 던져졌습니다. 이 불바다가 둘째 사망입니다"라고 해석해 주셨습니다. 최후의 심판에서 영원한 불 못의 형벌 가운데 들어가는 상태가 둘째 사망인데, 이와 같은 지옥 불의 해가 이르지 못할 것이라고 약속해주신 것입니다. 그러므로 주님의 승리의 약속을 붙잡고 타협하지 말라고 하십니다. 믿음을 지키라고 하십니다.

우리는 에베소 교회를 통해서 참된 교회는 섬김과 인내로 진리를 지켜내면서 처음 사랑을 회복한 교회인 것을 보았습니다. 참된 교회는 진리와 사랑이 함께 있는 교회입니다. 오늘 우리는 서머나 교회를 통하여 진정한 교회의 두 번째 특징은 고난과 충성이라는 것을 알게 됩니다. 주님의 이름으로 고난을 기쁘게 받는다는 것은 곧 주님에 대한 사랑이 진실함을 증명하는 것이기도 합니다. 우리는 진정한 사랑을 위해서라면 어떤 고난과 수고도 마다하지 않는 진정한 성도가 되어야 합니다. 교회도 마찬가지입니다. 사랑하는 주님을 위해서라면 어떤 고난과 수고도 마다하지 않는 교회가 되는 것입니다. 예수님을 위해서 고난을 받을 각오가 되어있었던 서머나 교회의 성도들은 하나님을 향한 사랑이 계속 뜨거웠음을 알 수 있습니다. 그들은 베드로와 요한이 그러했듯이 "그리스도의 이름을 위하여 능욕받는 일에 합당한 자로 여김을"(행 5:41) 기뻐했습니다. 사도 바울이 고백했듯이 "나에게는, 사는 것이 그리스도이시니, 죽는 것도 유익합니다"(빌 1:21)라는 고백의 삶을 살았습니다.

충성된 성도에게는 생명의 면류관이 기다리고 있습니다. '충성' 은 행함보다는 존재의 의미를 가진 단어입니다. 서머나 교회 상황에서 '충성하라'는 말씀은 '열심히 하라'는 의미보다는 고난과 박해의 상황 속에서 끝까지 변함없이 그리스도께 신실한 존재가 되라는 뜻입니다. 뿐만 아니라 충성은 내가 스스로 결정하는 것이 아니라, 다른 사람에 의해서 결정되는 수동적인 의미로 사용되었습니다. 고난의 상황에서도 변함없는 신실함을 지킬 때, 그를 가리켜 충성되다고 말하며, 따라서 신뢰할 만하고 믿어줄 만하다고 인정받게 되는 상태입니다. 모든 믿음의 주님이신 예수 그리스도께서 그렇게 인정해 주시는 상태가 진정한 충성입니다. 예수님은 그리스도이시며 주님이

시라고 고백하는 성도의 말과, 그 믿음의 고백이 참되다는 것을 보여주기 위해 죽을 수도 있는 모습이 충성입니다. 주님은 우리가 그리스도에 대한 헌신과 고백의 증언을 위해 죽음에 이르기까지, 또한 죽을 정도로 신실하게 살기를 기대하십니다.

진리의 말씀에 순종하며, 예수 그리스도에 대한 증언과 고백의 삶에서 타협하지 않고 나가는 성도들에게 놀라운 선물이 주어질 것입니다. 우리가 달리는 믿음의 경주의 결승점에는 주님이 주시는 빛나는 생명의 면류관이 기다리고 있습니다. 우리의 고난과 시련과 시험은 동굴이 아니라 터널입니다. 끝이 있습니다. 아무리 길어도 그 끝에는 빛나는 생명의 면류관이 있습니다. 그러므로 성도 여러분 조금 더 힘을 내십시오. 다시 기운을 차리십시오. 변함없이, 끝까지 그리스도의 증인으로 서십시오. 믿음의 고백과 신실함으로 살려고 하기에 당하는 모든 궁핍과 모함과 수치와 역경을 두려워하지 마십시오. 주님께서 생명의 면류관을 씌워주실 그 순간을 바라보십시오. 우리는 성공이 아니라 승리를 추구 합니다. 우리 모두 위대한 승리의 주님을 바라보며 믿음으로 달립시다. 고난이 생명의 열매로 이어지는 위대한 승리자가 됩시다, 고난을 영광으로 바꾸는 진정한 승리자가 됩시다. 하나님이 주실 영광스러운 생명의 면류관을 쓰는 충성스러운 그리스도의 증인이 됩시다. 우리 모두 믿음의 승리자가 되며, 승리하는 교회가 되기를 주님의 이름으로 축복합니다.

귀가 있는 사람은 성령이 교회들에 하시는 말씀을 들어라. 이기는
사람에게는 내가 감추어 둔 만나를 주겠고, 흰 돌도 주겠다.

(요한계시록 2:11)

Chapter 4

거짓을 이기는
진리
- 버가모 교회

버가모의 세라피스 신전 터 - 이 안에 초대 교회의 유적이 남아 있다

그리스

버가모 _베르가몬

소아시아(터키)

두아디라_아키사르

서머나 _이즈미르

사데_살리힐리

에베소 _셀축

빌라델비아_알라세히르

라오디게아_라오디케아

밧모

지중해

12 버가모 교회의 심부름꾼에게 이렇게 써 보내어라. '날카로운 양날 칼을 가지신 분이 이렇게 말씀하신다. 13 나는 네가 어디에 거주하는지를 알고 있다. 그 곳은 사탄의 왕좌가 있는 곳이다. 그렇지만 너는 내 이름을 굳게 붙잡고, 또 내 신실한 증인인 안디바가 너희 곁 곧 사탄이 살고 있는 그 곳에서 죽임을 당할 때에도, 나를 믿는 믿음을 저버리지 않았다. 14 그러나 나는 네게 몇 가지 나무랄 것이 있다. 너희 가운데는 발람의 가르침을 따르는 자들이 있다. 발람은 발락을 시켜서, 이스라엘 자손 앞에 올무를 놓게 하고, 우상의 제물을 먹게 하고, 음란한 일을 하게 한 자다. 15 이와 같이, 네게도 니골라 당의 가르침을 따르는 자들이 있다. 16 그러니 회개하여라. 만일 회개하지 않으면, 내가 속히 너에게로 가서, 내 입에서

나오는 칼을 가지고 그들과 싸우겠다. 17 귀가 있는 사람은, 성령이 교회들에 하시는 말씀을 들어라. 이기는 사람에게는 내가, 감추어 둔 만나를 주겠고, 흰 돌도 주겠다. 그 돌에는 새 이름이 적혀 있는데, 그 돌을 받는 사람 밖에는 아무도 그것을 알지 못한다.' (요한계시록 2:12-17)

버가모(베르가몬)

우리가 세 번째로 만나는 교회는 버가모 교회입니다. 버가모는 서머나에서 정북으로 90km 쯤 떨어진 곳에 있습니다. 현재는 베르가몬이라는 도시입니다. 에게해에서 25km정도 내륙으로 들어와 있으며, 카이쿠스 강 북쪽 골짜기에 위치해 있습니다. 버가모를 찾는 여행객은 수많은 신전과 제단을 보면서 감탄을 아끼지 않습니다. 평지 위로 300m쯤 솟은 언덕을 버가모 아크로폴리스가 빙 둘러싸고 있으며, 정상 근처에는 거대한 제우스 제단이 서 있습니다. 제우스 제단은 유메네스 2세가 갈리아 족을 무찌른 부친의 승리를 기념하여 세운 것입니다. 제단에서 얼마 떨어지지 않은 곳에는 우아한 아테네 신전이 있었습니다.

제우스 신전 터

　버가모는 로마 시대의 도시들 중에서 가장 발굴이 잘 된 곳이기
도 한데 경사가 매우 가파른 원형극장, 20만권의 소장 도서를 자랑
했던 도서관도 있었습니다. 주전 200년경 이 지역은 버가모 왕국이
었는데 아탈루스 왕이 자발적으로 자신의 왕국을 로마 제국에 귀
속시키고, 로마와 평화 조약을 맺어 이 지역의 통치를 유지하였습
니다. 아탈루스 왕의 손자였던 아탈루스 3세의 죽음 이후 이 모든
지역이 자연스럽게 로마 제국이 되고 말았습니다. 이로써 로마 제
국은 흑해, 에게해, 지중해를 모두 품는 지역을 손에 넣게 되었고,

이 지역의 풍부한 농산물도 얻게 되었습니다. 이 지역은 이스라엘 및 중동지역과 로마 제국을 잇는 내륙의 가교의 역할을 하는 곳이었습니다.

주님의 모습

버가모 교회에 말씀하시는 주님은 "날카로운 양날 칼을 가지신 분"(12)으로 나타납니다. 칼은 전쟁터에서 적을 무찌르는데 필요합니다. 또한 수술 시에는 몸을 예리하게 가르고 악성 종양을 제거하는데 사용됩니다. 양날 칼을 가지신 주님으로 나타나신 것은 버가모 교회에는 주님이 수술을 하셔야 할 부분이 있었으며, 악한 적 곧 사탄과 이교적 가르침과 거짓 지도자들을 가려내고 무찔러야 하는 상황에 처해있었음을 잘 보여줍니다.

양날 칼을 가지신 주님은 버가모 교회에 말씀하셨습니다. "네가 어디 사는 것을 내가 안다."(13절) 주님은 교회의 행위(에베소 교회)와 상황/환난(서머나 교회)을 넘어서 그들이 어디에 사는 지, 곧 환경까지도 모두 아시는 분이십니다. 주님은 버가모 교회가 사는 환경을 잘 알고 계셨습니다. 한마디로 버가모는 이교 신앙의 중심지였습니다. 버가모 교회는 온갖 이교신앙이 넘치는 환경 속에서 믿음을 지키기 위해 총력을 기울여 싸워야 했습니다. 이 싸움은 치열한 영적인 전투였습니다. 이 도시의 시민들이 숭배했던 신들은 다양해서 버가모는 마치 신들의 박물관과도 같았습니다. 버가모에서 숭배했던 신들을 보면, 먼저 아우구스투스 황제의 신전이 있었습니다. 소아시아에 세워진 최초의 황제 신전입니다. 로마 황제는 버가모 시민들에게 신전을 건축할 수 있다는 허락을 내렸고 주전 29년에 신전이 세워졌습니다. 살아있는 황제를 기념하여 짓는 최초의 신전이 버

가모에 세워진 것입니다. 뿐만 아니라 트라얀 황제의 신전도 있었습니다. 트라얀 황제의 칙령으로 세워지기 시작해서 하드리안 시대에 완성되었습니다.

트라얀 신전

게다가 버가모에는 제우스 신전도 있었습니다. 제우스는 신의 신이었고 모든 힘을 가진 신이었습니다. 주님은 버가모에 "사탄의 왕좌"(13절)가 있다고 하셨습니다. 사탄의 왕좌는 도시를 이루는 아크로폴리스의 중턱에 높이 세워져서 그곳을 호령하는 듯이 보였던 제우스신의 거대한 제단을 가리키는 것이거나, 버가모의 수많은 이방의 신들과 제단의 권세자였던 황제와 사탄의 힘을 의미하는 것일 수도 있습니다.

이 외에도 쾌락의 신이면서 포도주의 신이며 축제의 신으로 불린 디오니소스의 신전이나, 아폴론의 아들로 건강과 약의 신인 아스클레피온의 웅장한 신전도 있었습니다. '구세주' 또는 '치유의 신'으로 숭상 받은 웅장한 아스클레피온 신전은 의료센터였으며, 지금도 그 유적이 도시 외곽에 남아 있습니다. 고전 역사가 타키투스와 크세노폰에 따르면 아스클레피오스 숭배는 버가모에 본부를 두고 있었고, 버가모는 아시아성의 중심지요, 유명한 의술 학교의 소재지였습니다. 아스클레피온의 치유를 받기 위해 사방에서 사람들이 버가모로 몰려들었습니다. 아스클레피온의 치유방법은 독특하고 다양해서 물, 진흙, 스포츠, 연극을 사용하기도 했습니다. 그 외에 특이한 치유 방법은 뱀을 이용한 것으로 깊은 밤에 환자들이 모여 있는 방에

치유의 신 아스클레피온 유적 - 뱀의 문양이 새겨져 있다

뱀을 풀어 놓아 뱀이 지나가게 하는 치유법도 있었습니다. 예전에는
병원을 상징하는 문양에도 뱀이 감겨진 모습이 있었는데, 바로 이곳
에서 유래한 것입니다.

 이처럼 버가모는 온갖 신들의 시장이었습니다. 힘을 원한다면 제
우스 신전이 있었습니다. 쾌락을 원한다면 디오니소스 신전이 있었
습니다. 음식과 풍요를 원한다면 데메터 여신의 신전이 있었습니다.
아프다면 아스클레피온 신전이 있었습니다. 지혜와 전략이 필요하다면 아테나 여신의 신전이 있었습니다. 황제를 숭배하며 삶의 평화를 원한다면 트라얀 황제의 신전이 있었습니다. 바로 이것이 버가모 교회가 처한 환경이었습니다. 주님은 버가모 교회의 이런 모든 환경을 잘 아셨는데, 버가모에는 그 어느 곳보다 적그리스도가 더 두드러졌던 것으로 보입니다. 이런 이방신들의 영향력과 맞서야 하는 교회가 버가모 교회였습니다.

주님의 칭찬

1. 진리를 수호하는 교회

주님은 먼저 버가모 교회를 칭찬하셨습니다. "그렇지만 너는 내 이름을 굳게 붙잡고 또 내 신실한 증인인 안디바가 너희 곁 곧 사탄이 살고 있는 그 곳에서 죽임을 당할 때에도, 나를 믿는 믿음을 저버리지 않았다."(13절) 여기서 주님이 말씀하시는 '이름'과 '믿음'은 무엇을 의미할까요? '이름'은 예수님 자신을 가리킵니다. '이름'은 그분이 누구이며 어떤 일을 하셨는지 보여 줍니다. '이름'은 그분의 신성과 인성, 구원 사역의 충만함을 대표합니다. 따라서 그분의 이름을 굳게 잡았다는 것은, 버가모의 성도들은 예수님이 주님이시며 구주가 되신다는 확신을 굳게 붙잡고 절대 놓지 않았음을 말해줍니다. "나를 믿는 믿음"이라는 말은 거기서 한 단계 더 깊이 들어갑니다. 예수님이 구주와 주님이라는 지적 동의만으로는 부족했습니다. 버가모의 성도들은 구주와 주님이신 그분을 의지했으며, 그분의 이름을 굳게 잡았을 뿐 아니라 그분을 믿는 믿음을 사용했던 것입니다.

예수 그리스도에 관한 이런 근본 진리들은 결코 타협할 수 없는 것입니다. 사도들은 이 점을 매우 확실히 밝혔습니다. 예수님의 신인(神人) 인격이나 그분만의 구원 사역을 부인하는 사람은 결코 기독교인이라고 할 수 없었습니다. 양보는 절대로 있을 수 없었습니다. 요한은 "예수 그리스도께서 육체로 오신 것"을 부인하는 자가 곧 적그리스도라고 했습니다. 바울은 은혜로 구원하시는 예수님의 복음 이외에 다른 복음을 전하는 자는 마땅히 저주를 받을 것이라고 말씀했습니다(요일 2:22, 4:2, 요이 7-11, 갈 1:6-9).

2. 항복하지 않은 순교자, 안디바

이런 핵심 진리들을 굳게 잡았던 버가모 교인들은 매우 혹독한 시험에 부딪혔습니다. 그들은 포기하고픈 강한 유혹을 받았습니다. 그러나 그들은 예수님을 믿는 믿음을 비겁하게 저버리지 않았고, 오히려 예수님의 이름을 굳게 붙들었습니다. 특히 그들 중 한 사람은 혹독한 핍박 속에서 죽도록 충성한 표본이 되었습니다. 그에 관해서는 계시록에 나와 있는 것이 전부입니다. 그의 이름은 안디바였으며, 그는 용기 있게 목숨을 바쳤습니다. 예수님은 "충성된 증인"(계 1:5, 3:14)이라는 호칭을 그에게 붙여 "내 신실한 증인인 안디바가 너희 곁 곧 사탄이 살고 있는 그 곳에서 죽임을 당할 때에도"(13절)라고 애정을 담아 말씀하셨습니다.

안디바는 사도 요한이 버가모 교회의 지도자로 세운 인물로 알려져 있습니다. 어느 날 안디바는 총독 앞에 소환되었습니다. 총독은 정치 지도자이자 황제 숭배의 대제사장이기도 했습니다. 초석 위에 황제의 흉상이 놓여 있고 그 앞에는 신성한 불이 타고 있었습니다. 로마의 신과 신성한 황제에게 제사하는 일은 간단했습니다. 향 몇 조각을 불에 던지며 "황제(시저)는 주님이시다"라고만 말하면 안디바는 풀려날 수 있었습니다. 그러나 안디바는 예수님의 이름과 그분을 믿는 믿음을 부인하지 않았습니다.

우리는 안디바에 대해 이렇게 생각해 볼 수 있습니다. 안디바는 세례 받을 때 '예수님은 주님이시다'는 분명한 말로 확신에 넘쳐 믿음을 고백하였을 것입니다. 그는 하나님이 예수님을 하나님의 오른편에 올리셔서 "모든 정사와 권세와 능력과 주관하는 자와 이 세상뿐 아니라 오는 세상에 일컫는 모든 이름 위에 뛰어나게 하시고," (엡 1:20-21) "모든 이름 위에 뛰어난 이름을 주사… 모든 무릎을 예수의 이름에 꿇게 하시고 모든 입으로 예수그리스도를 주라 시인하여 하나님 아버지께 영광을 돌리게"(빌 2:9-11) 하셨다고 믿었을 것입니다. 성도들에게 '예수님은 주님이시다'라는 고백은 성령 감화의 징표였습니다. 사도 바울은 말씀하였습니다. "하나님의 영으로 말하는 사람은 아무도 예수는 저주를 받아라 하고 말할 수 없고, 또 성령을 힘입지 않고서는 아무도 예수는 주님이시다 하고 말할 수 없습니다."(고전 12:3) 바로 이것이 안디바의 고백이었음이 분명합니다.

극도의 시험을 받았을 때 안디바가 잠시라도 믿음이 흔들렸는지 우리는 알 수 없습니다. 그러나 그가 주님의 은혜로 견고히 서서 예수님의 이름을 굳게 붙잡고 그분을 믿는 믿음을 저버리지 않았다는 것만은 분명합니다. 그는 황제의 것은 얼마든지 황제에게 돌리지만 하나님 것은 하나님께 돌렸습니다. 그에게는 예수님께 속한 호칭을 황제에게 돌릴 마음이 전혀 없었습니다. 안디바의 주님은 황제가 아니라 예수님이었습니다. 그것이 채찍질과 검과 화형 기둥과 사자들을 뜻한다 해도 다를 바 없었습니다. 역사적인 기록에 의하면 안디바는 92년 '숭고한 순교자들의 반열'에 합류했습니다. 그는 충성된 증인이었고 자신의 믿음의 증거를 순교의 피로 확증했습니다.

주님의 책망

주님은 버가모 교회에는 칭찬과 함께 책망도 하셨습니다. "그러나 나는 네게 몇 가지 나무랄 것이 있다. 너희 가운데는 발람의 가르침을 따르는 자들이 있다. 발람은 발락을 시켜서, 이스라엘 자손 앞에 올무를 놓게 하고, 우상의 제물을 먹게 하고, 음란한 일을 하게 한 자다. 이와 같이, 네게도 니골라 당의 가르침을 따르는 자들이 있

다." (14-15절)

버가모의 많은 성도들이 주님의 이름을 굳게 붙잡고, 주님을 믿는 믿음을 저버리지 않았지만, 그들 가운데는 주님의 이름이 아니라 거짓 가르침을 붙잡고, 주님을 따르기보다 거짓 진리를 따르는 자들이 있었습니다. 죄를 단호히 거부하고 진리를 견고하게 붙잡아야 함에도 불구하고, 버가모의 어떤 기독교인들은 발람의 교훈과 니골라당의 교훈을 지키는 자들을 버젓이 용납했습니다. 발람의 무리와 니골라당은 동일한 교사들로서 서로 구분되지 않는다고 보는 것이 일반적인 해석입니다. 이들은 우리가 이미 보았듯이 에베소 교회에도 있었습니다.

선지자 발람의 이야기는 민수기 22-24장에 나옵니다. 모압 왕 발락은 선지자 발람을 불러, 요단강을 건너 약속의 땅으로 들어가기 직전에 이스라엘 백성들을 저주해달라고 요청했습니다. 그러나 발람이 입을 열 때마다 여호와께서 그에게 주신 말은 저주의 말이 아니라 축복의 말이었습니다. 이렇게 되면 하나님의 뜻이 분명하므로 참된 선지자라면 더 이상 하나님의 백성을 저주하는 행동은 하지 말았어야 했습니다. 그러나 발락이 내놓은 재물에 탐심이 동한 발람은

(벧후 2:15, 유 1:11 참조) 이스라엘을 몰락시킬 다른 꾀를 생각해 내어 발락에게 알려줍니다. 그것은 모압 여자들이 이스라엘 남자들을 유혹해 우상숭배의 음란한 연회에 참석하게 하라는 것이었습니다. 그렇게 되면 이스라엘의 의로우신 하나님이 그분의 백성들에게 진노를 발하실 것을 그는 알고 있었습니다. 그래서 "발람은 발락을 가르쳐 이스라엘 앞에 올무를 놓아 우상의 제물을 먹게 하였고 음란하게 하도록"하였습니다(14절, 민 25장, 31:16).

니골라당이 교회에 행한 일은 발람이 옛 이스라엘에게 한 일과 같았습니다. 그들은 자신들의 사악한 교리를 교회 안에 교묘하게 퍼뜨렸습니다. 그들은 '예수님이 우리에게 주신 자유는 죄 짓는 자유'라고 감히 말했습니다. 그들은 '그리스도가 우리를 율법에서 구속하셨으니 우리는 더 이상 율법 아래 있지 않고 은혜 아래 있다'고 주장하는 사람들이었습니다. 그들의 허울 좋은 주장은 '그러므로 우리는 계속 죄를 지어도 된다. 그래야 하나님의 용서의 은혜가 우리에게 계속 더 할 수 있지 않겠는가'라는 궤변으로 이어졌습니다. 이러한 진리의 변질은 "우리 하나님의 은혜를 도리어 색욕거리로 바꾸고 홀로 하나이신 주재 곧 우리 주 예수 그리스도를 부인하는"(갈 5:1, 롬 6:1, 유 1:4) 처사였습니다.

그들은 '조금만 우상의 제물을 먹자, 조금만 부도덕을 행하자, 우리는 자유하다, 주님을 위해 목숨까지 걸고 살 필요가 없다'고 중얼거리는 사람들입니다. 오늘날 교회에서도 때로 이런 패역한 논리가 들릴 수 있습니다. 그러나 주님은 단호하십니다. 예수님은 죄를 미워하시며, 가증스럽게 여기십니다. 에베소 교회는 니골라당의 행위를 미워했고(계 2:6) 그 거룩한 증오로 인해 칭찬받았습니다. 예수님은 그 편지에 "나도 그것을 미워한다"(계 2:6)고 덧붙이기까지 하셨습니다. 반면에 에베소 교회가 미워한 것을 버가모 교회는 용납했습니다. 그래서 예수님은 버가모 교회를 책망하셨습니다.

버가모 교회에는 목숨을 걸고 믿음을 지킨 성도들이 있었던 반면, 믿음을 버리고 타협한 자들도 있었습니다. 이들은 그리스도 따르기를 포기한 자들이 있었습니다. 이들은 세상과 다른 존재가 되기를 원치 않았던 사람들입니다. 슬그머니 옛날로 돌아갔으며, 이교신과의 관계 속에서 성적으로 타락했으며, 핍박을 피하려 그리스도를 부인하였습니다.

주님은 교회가 진리를 벗어나 세상의 우상과 타협하고, 부정하고 음란한 일에 빠지는 것을 몹시 미워하십니다. 재물의 우상, 힘의 우상, 인기의 우상, 명예의 우상, 육체의 아이돌이 우리가 사는 온 세상을 뒤흔들고 이끌어갑니다. 많은 그리스도인들이 세상의 이런 우상에 타협합니다. 진리를 왜곡합니다. 자칫하다가 우리는 이런 세상에 자신을 짜 맞추게 되고 자신에게 편리한대로 복음을 변질시키기 쉽습니다. 주님은 세상에 물든 교회를 깊이 걱정하십니다.

지금 우리는 위기에 처해있습니다. 세상과 구별되지 못하고 오히려 세상 속으로 동화되는 성도들, 압박을 이기지 못하고 믿음을 조금씩 포기하는 성도들, 두 세계에 양 다리를 걸치고 있는 성도들이 있습니다. 과연 우리는 이런 세상에서 동화되지 않고, 오직 그리스도를 신뢰하며 그리스도를 드러내고 선포하는 삶을 살아낼 수 있을까요? 신앙을 함께하지 않는 배우자와 사는 것, 불신앙의 직장 상사 아래에서 일하는 것, 기독교에 적대적인 사람들 속에서 살아가고, 세상의 기쁨을 포기함으로 세상의 버림과 멸시 속에 살아야 하는 우리들입니다. 고난과 유혹과 시험과 갈등은 그리스도를 온전히 따르려는 우리가 필연적으로 마주치는 문제입니다. 그러나 사랑하는 성도 여러분, 불의하고 타락한 세상에 맞서며 그리스도의 이름으로 승리하기를 축복합니다. 그리스도인의 선명한 색깔이 바래지 않기를 바랍니다. 끝까지 믿음의 순례길을 완주하는 승리의 성도, 승리의 교회가 되기를 주님의 이름으로 축복합니다.

주님의 권고

주님은 버가모 교회에 강력하게 권고하셨습니다. "그러니 회개하여라. 만일 회개하지 않으면, 내가 속히 너에게로 가서, 내 입에서 나오는 칼을 가지고 그들과 싸우겠다."(16절) 주님이 내리신 처방은 회개입니다. 회개에 길이 있습니다. 주님은 세상에 물든 성도에게는 복음으로 돌이키라고 하십니다. 죄와 음란에 기울어진 성도는 진리와 거룩함으로 돌이켜 회개하라고 명령하십니다. 교회가 복음의 진리를 수호하는 것은 예수님의 주요 관심사입니다. 주님은 우리가 그분을 사랑함에 계속 머물러 있을 뿐만 아니라, 그 사랑으로 인해 그분을 위해 담대히 고난 받기를 바라십니다. 그뿐 아니라, 주님은 우리가 예수님을 믿고 예수님에 관한 진리를 굳게 붙들기 원하십니다.

버가모 교회가 회복하고 다시 잡아야 할 진리는 두 가지 영역으로 볼 수 있는데, 그들이 잃어버린 것이 크게 두 가지인 것과 관계되어 있습니다. 그것은 끝까지 예수님의 이름을 붙잡았던 자들처럼 회복되는 것이며, 우상과 음란에 빠진 것으로부터 돌이키는 것입니다.

1. 예수님의 이름을 되찾으라

무엇보다 회복해야 할 진리는 예수님의 이름을 되찾는 것입니다. 버가모 교회에는 예수님의 이름을 붙잡은 자들도 있었지만, 발람의 유혹에 빠진 자들 곧 예수님의 이름을 버리고 세상을 잡은 자들이 있었습니다. 예수 그리스도는 교회의 반석이시며, 바른 신앙은 오직 그 이름 위에 세워집니다. 온전한 그리스도인이 된다는 것은 예수 그리스도가 하나님이시며 구세주 되심을 믿고 고백하는 것으로부터 시작됩니다. 참 그리스도인은 예수님을 주님으로 인정하고 자신의 삶에 모신 사람입니다. 기독교 신앙의 가장 기본적인 진리는 예수님의 지상 사역과 죽으심과 부활하심과 영원히 함께 하심의 가르침과 진리에 있습니다.

우리는 예수 그리스도의 이 놀라운 진리를 믿고, 신뢰하고, 확신하며, 잡아야 합니다. 확신은 헌신을 낳습니다. 예수님만이 유일한 우리의 주님이시므로 우리는 오직 주님이신 그분께 복종해야 합니다. 세상의 그 무엇도 우상이 될 수 없습니다. 어느 것도 우리의 주가 될 수 없습니다. 우리에게 주님은 오직 한 분 예수 그리스도이십니다.

2. 거룩한 삶으로 향하라

우리가 잡아야 할 또 다른 것은 우리의 삶, 곧 거룩함에 관한 것입니다. 본질상 우리의 신앙은 예수님의 인격, 그리고 예수님의 사역과 관계되어 있으며, 이 신앙은 우리를 의로운 삶으로 부릅니다. 버가모 교회에는 거룩함에 대한 진리를 놓아 버리고 음란에 빠진 자들이 있었습니다. 우리는 거룩한 삶을 향한 진리를 놓지 말아야 합니다. 우리가 지켜야 할 성채는 예수 그리스도에 대한 복음의 진리의 성채와, 거룩한 삶의 성채입니다. 예수님이 그리스도임을 부인하는 자가 거짓의 사람들이라면, 주님을 안다고 하면서도 그분의 말씀에 불순종하며 그분을 따르지 않는 성도는 거짓 성도입니다. 주님은 이런 거짓에서 돌이켜 회개하라고 명령하셨습니다. 버가모 교회와 비슷한 상황에 처한 고린도 교회를 향해 사도 바울은 이렇게 경고하였습니다. "어떤 사람이 음행하는 사람이거나, 탐욕을 부리는 사람이거나, 우상을 숭배하는 사람이거나, 사람을 중상하는 사람이거나, 술 취하는 사람이거나, 약탈하는 사람이면, 그런 사람과는 함께 먹지도 마십시오."(고전 5:11) 교회가 빠진 이 모든 오류의 뿌리는 사탄입니다. 사탄은 버가모에 살았을 뿐 아니라 그곳을 지배했습니다. 무수한 신전과 사당과 제단, 반기독교적인 가르침과 철학들, 니골라당과 발람을 따른 것은 사탄의 왕조가 놓인 버가모를 지배하는 악한 세력의 영향 때문이었습니다.

버가모는 이처럼 어두운 곳이었습니다. 진리의 빛은 가물가물 흔들렸으며, 거짓의 짙은 안개가 그곳을 덮고 있었습니다. 사탄은 이 어두움의 주관자이며 빛을 미워합니다(눅 22:53, 엡 6:12, 요 3:20). 성경은 사탄을 거짓말쟁이요 미혹하는 자이며, 불신자들의 마음을 혼미케 하고, 인간들을 유혹하여 죄짓게 할 뿐 아니라 그들을 속여 거짓에 빠뜨립니다(요 8:44, 고후 4:4). 계시록 후반부에는 용의 동맹 세력들이 나옵니다. 그 중 하나는 땅에서 올라온 짐승인데 후에 '거짓 선지자'로 불립니다. 그의 소임은 "땅과 땅에 거하는 자들로 처음 짐승을 경배하게"하는 것입니다(계 13:11-12, 19:20). 이 '처음 짐승'은 바다에서 나와 숭배 받는 점으로 미루어, 핍박자 로마 제국을 가리키는 것으로 보입니다. 그렇다면 둘째 짐승은 황제 숭배를 가리킬 것입니다.

"이 세상 임금"(요 16:11)이며, "공중의 권세 잡은 자"(엡 2:2)인 사탄은 세상에 왕좌를 만들고 "이 어두움의 세상 주관자들과 하늘에 있는 악의 영들"(엡 6:12)을 부리고 있습니다. 사탄은 교회를 침략합니다. 그러나 이미 사탄과 그의 세력들은 전복되었습니다. 예수님은 사탄이 하늘에서 번개처럼 떨어지는 것을 보셨습니다. 사탄의 세력인 용과 그의 졸개들은 미가엘과 그의 사자들에게 패한 후 내어 쫓겼습니다(계 12:7-9). 예수님은 십자가에서 모든 악의 세력과 맞서 싸워 이기셨습니다. 사탄은 머리에 치명상을 입었으며, 사탄이 죽을 날이 점점 다가오고 있습니다(눅 10:18, 계 12:7-12, 골 2:15, 창 3:15). 단지 사탄은 무너졌음에도 패배를 인정하지 않고 자기의 영토를 넓히려고 성도들과 대적하며 마지막 발버둥을 치고 있을 뿐입니다.

사탄의 나라는 하나님 나라가 진보할 때만 퇴각합니다. 버가모에서는 사탄이 전권을 휘두르는 것처럼 보입니다. 그러나 주님은 그런

환경을 아셨습니다. 그리고 사탄으로 인해 무너진 삶에서 돌이켜 회개하고 바른 진리 위에 서서 거룩한 삶을 회복하라고 하셨습니다. 황제 숭배는 사라진 지 오래되었지만 지금도 거짓 선지자는 죽지 않았습니다. 그는 모든 거짓 가르침과 종교 속에 숨어서, 예수 그리스도께만 합당한 영광을 빼앗아 가려고 안간 힘을 다하고 있습니다. 이것이 적그리스도의 영입니다. 이것이 사탄의 일입니다.

버가모의 사자에게 보낸 편지를 통해 주님은 살아 있는 참 교회의 표지는 사랑이며(에베소 교회), 충성이며(서머나 교회), 이제는 진리임을 말씀하십니다. 성경은 사랑과 진리를 균형 있게 하나로 묶습니다. 우리는 이것을 잊기 쉽습니다. 어떤 기독교인들은 계시된 진리의 신성함을 망각할 정도로 단지 사랑만을 최고로 내세웁니다. 그들은 사랑이라는 이름으로 어떤 것이라도 용납하고 받아들입니다. 반면 사랑을 희생하면서 진리를 따르는 사람들도 있습니다. 그들은 율법을 조금만 어겨도 무자비하고 지독하게 정죄하며 맞섭니다. 하나님의 진리의 말씀에 대한 열정이 얼마나 강한지 사랑을 버릴 정도입니다.

그러나 진리 위에 세워지지 않은 사랑은 감상적이 됩니다. 사랑으로 품을 수 없는 진리에는 생명이 없습니다. 냉혹해집니다. 우리는 사랑과 진리 사이에서 균형을 잡아야 합니다. 성경은 사랑 안에서 진리를 붙들고, 진리 안에서 다른 사람들을 사랑하며, 사랑뿐 아니라 분별력에서 자라가라고 말씀합니다. 사도 바울은 말씀합니다. "우리는 사랑으로 진리를 말하고 살면서, 모든 면에서 자라나서, 머리가 되시는 그리스도에게까지 다다라야 합니다."(엡 4:15) "내가 기도하는 것은 여러분의 사랑이 지식과 모든 통찰력으로 더욱 더 풍성하게 되어서, 여러분이 가장 좋은 것이 무엇인가를 분별할 줄 알게 되는 것입니다. 그리하여 여러분이 그리스도의 날까지 순결하고 흠이 없이 지내며, 예수 그리스도께서 주시는 의의 열매로 가득 차서 하나님께 영광과 찬양을 드리게 되기를, 나는 기도합니다."(빌 1:9-11).

사랑이신 예수님은 '진리'이시며 '세상의 빛'이십니다. 주님은 제자들이 계속 말씀 안에 거하면 진리를 알게 되고 진리가 그들을 자유케 하리라고 약속하셨습니다. 본디오 빌라도에게는 예수님 자신이 진리를 증거하기 위해 세상에 오셨다고 말씀하셨습니다(요 14:6, 8:12, 31-32, 18:37). 예수님은 진리이시며, 동시에 사랑이셨습니다. 우리의 믿음의 삶은 진리와 사랑이 입 맞추는 삶이어야 합니다.

3. 진리로 오류를 이기는 교회가 되라

버가모 교회의 문제의 근원을 아시는 예수님은 진리로 승리하라고 명령하십니다. 예수님은 중대한 거짓이 제멋대로 활개 치도록 허용한 버가모 교회에게 회개할 것과(16절) 거짓을 이길 것을(17절) 명하셨습니다. 그리고 승리의 길과 그에 따른 상급을 일러 주셨습니다. 승리의 길은 진리의 말씀에 있습니다. 거짓 가르침과 사탄의 세력을 물리칠 수 있는 무기는 예수님의 말씀입니다. 요한에게 편지를 불러 주신 주님이 자신을 "좌우에 날선 검을 가진 이"(12절)로 표현하신 것은 우연이 아닙니다. 요한이 자신의 눈으로 보고 1장에 묘사한, 승천하신 그리스도의 환상을 보면, 주님의 입에서 "좌우에 날선 검"(계 1:16)이 나왔습니다. '검'은 그분이 발하신 진리의 말씀을 상징합니다. 그분 자신이 곧 '하나님의 말씀'입니다(계 19:13, 요 1:1).

4. 말씀을 선포하는 교회가 되라

입에서 검이 번쩍이는 예수님 모습을 상상하면 이상할 것 같지만, 로마의 단검에는 혀 모양으로 생긴 것이 실제로 있었습니다. 성경에서는 이사야의 예언에서 그리스도를 예표하는 여호와의 종에 관해 "내 입을 날카로운 칼같이 만드시고"(사 49:2) 라고 말씀하셨습니다. '로마의 칼'은 당시 권위와 위엄의 상징이었는데 사도 바울은 하나님 말씀을 "성령의 검"(엡 6:17)이라 했고, 히브리서는 "하나님의 말씀은 살아 있고 힘이 있어서, 어떤 양날 칼보다도 더 날카롭습니다. 그래서 사람 속을 꿰뚫어 혼과 영을 갈라내고, 관절과 골수를 갈라놓기까지 하며, 마음에 품은 생각과 의도를 밝혀냅니다."(히 4:12)라고 말씀하셨습니다. 교부 터툴리안은 검의 두 날이 신약과 구약을 의미한다고 보기도 했습니다.

이처럼 하나님의 말씀은 검과 비슷한 특징을 많이 갖고 있습니다. 말씀은 양심을 찌르고 죄인들의 교만에 상처를 냅니다. 성경은 우리의 위선을 잘라 내고 변명을 관통합니다. 성경은 예리하고 날렵한 비수로 우리 죄와 욕망을 들춰내고 모든 거짓 교리를 죽입니다. 거짓을 이기는 하나님의 방법은 하나님의 말씀 곧 그리스도의 복음을 붙잡는 것입니다. 복음은 모든 믿는 자에게 구원을 주시는 하나님의 능력입니다. 검에 의해 죽고 사는 것이 결정됩니다. 진리만이 거짓을 이깁니다. 세상의 거짓은 예수님의 우월한 복음의 진리로만 전복될 수 있습니다.

검의 또 다른 기능이 있습니다. 진리의 말씀은 심판의 메시지가 됩니다. 양심을 찌르던 검은 영혼을 심판하는 검이 됩니다. 주님은 버가모 교회에 말씀하셨습니다. "내가 속히 너에게로 가서 내 입에서 나오는 칼을 가지고 그들과 싸우겠다."(계 2:16) 계시록 19장에는 이렇게 기록되어 있습니다. "그의 입에서 날카로운 칼이 나오는데, 그는 그것으로 모든 민족을 치실 것입니다. ⋯ 남은 자들은 말 타신 분의 입에서 나오는 칼에 맞아 죽었고⋯"(계 19:15, 21) 브올의 아들 점쟁이 발람도 칼에 맞아 죽었습니다(민 31:8, 수 13:22).

그렇습니다. 주님은 심판하실 것입니다. 버가모에 있는 발람의 무리도 동일한 운명에 처할 것입니다. 이번에 사용되는 검은 예수님의 말씀입니다. 순종하는 자들을 구원하는 예수님의 복음이 불순종하는 자들을 심판하고 멸하십니다. 예수님은 이 세상에 오신 목적이 심판이 아니라 구원이라고 하셨습니다. 그러나 결국 복음을 저버리고 받지 아니한 자들을 말씀이 심판할 것이라고 하셨습니다. "어떤 사람이 내 말을 듣고서 그것을 지키지 않는다 하더라도, 나는 그를 심판하지 아니한다. 나는 세상을 심판하러 온 것이 아니라 구원하러 왔다. 나를 배척하고 내 말을 받아들이지 않는 사람을 심판하시는 분이 따로 계시다. 내가 말한 바로 이 말이, 마지막 날에 그를 심판할 것이다."(요 12:47-48)

주님의 약속

책망과 권고를 하신 주신 주님은 이제 이기는 자 곧 그분의 말씀을 듣고 깨닫고 받아서 그대로 살고자 힘쓰는 성도들에게 주실 상급의 약속을 말씀하셨습니다. "귀가 있는 사람은, 성령이 교회들에 하시는 말씀을 들어라. 이기는 사람에게는 내가, 감추어 둔 만나를 주겠고, 흰 돌도 주겠다. 그 돌에는 새 이름이 적혀 있는데, 그 돌을 받는 사람 밖에는 아무도 그것을 알지 못한다."(17절)

1. 예수님이 주시는 성찬 - 만나

주님이 약속해 주신 상급은 두 가지인데 그것은 '감추어둔 만나'와 '새 이름이 적힌 흰 돌'입니다. 이 두 선물은 무엇을 뜻할까요? 만나가 감추어져 있다는 것은 언약궤 안에 두었던 '만나의 금 항아리'를 암시합니다(출 16:32-34, 히 9:4). 그러나 우리에게 만나 그 자체는 곧 예수님입니다. 하나님의 백성이 광야에서 만나를 먹은 것처럼, 오늘날 우리의 영적 굶주림은 생명의 떡이신 예수님으로 채워집니다.

예수님은 오천 명을 먹이신 후 예수님 자신을 가리켜서 '세상에게 생명을 주는' '하늘에서 내린 참 떡'이라고 말씀하셨으며(요 6:31-35), 사람으로 하여금 '먹고 죽지 아니하게 하는' '하늘에서 내려오는 생명의 떡'이라고 말씀하셨습니다(요 6:48-51). 그런데 아시아의 일곱 교회에 주신 약속의 말씀은 단지 이 땅이 아닌 천국에서 유업으로 받을 상급이기도 합니다. 그러므로 감추어진 만나란 우리가 현재 맛보고 있는 것보다 더 풍성하며, 믿음의 길에 승리한 성도들이 누릴 천국의 성찬입니다. 이생에서 푸짐한 우상의 고기를 거부한 성도는 하늘의 풍성한 잔치를 누리게 될 것입니다.

2. 예수님이 주시는 특권 – 흰 돌

예수님이 약속하신 두 번째 상급은 '흰 돌'입니다. 새로운 이름이 새겨진 흰 돌에 관해서는 다양한 해석이 있습니다. 유대 랍비의 전승에 따라 하늘에서 만나와 함께 떨어진 보석이라고 하거나, 재판관이 죄수를 풀어줄 때 제비뽑기로 상자에 던지던 흰 돌이라고 하거나, 시합의 승자들에게 주던 네모난 돌(tessara)이라고 말하기도 합니다. 혹은 구약에 나오는 '우림과 둠밈'이라는 보석과 연결시키기도 합니다. 우림과 둠밈은 대제사장의 흉패에 박힌 것으로 하나님의 뜻을 묻는데 사용되었다고 봅니다. 그런데 우림이 '흰 돌' 혹은 다이아몬드였을 수 있으며, 추정하는 대로 그 위에 하나님의 은밀한 이름이 기록되어 있었다는 것입니다. 그러므로 만나 항아리가 휘장 안에 감추어져 있었고(대제사장만 성소 안에 들어갈 수 있었음) 대제사장만 우림으로 하나님의 뜻을 물을 수 있었듯이, 이기는 성도들이 받을 만나와 돌은 주님이 가지신 대제사장의 특권을 나타내며, 주님이 자신의 제사장으로 삼으신 모든 성도들에게 궁극적으로 그 특권을 주실 것을 의미한다고 해석할 수 있습니다(계 1:6, 5:10).

그런데 당시의 문화를 염두에 둔다면, 새로운 해석도 가능합니다. '흰 돌'은 황제가 보내는 초청장으로 사용되었는데, 흰 돌에는 왕이 초대한 사람의 이름이 기록되어 있었습니다. 이 돌을 받은 자는 영광스러운 잔치 자리에 들어갈 특권을 받은 것입니다. 이러한 관점에서 보면, '흰 돌'은 이기는 자가 하늘의 영광과 승리의 잔치에 주님의 초대를 받을 것을 의미한다고 볼 수 있습니다. 비록 세상에서는 버림을 받았지만, 하늘나라의 프리패스를 주셔서 주님의 이름으로 영원한 천국 잔치에 초대받은 복된 자가 된 것입니다. 그때 성도는 주님이 내 이름을 부르셨다고 감격하며 기뻐할 것입니다.

3. 예수님이 주시는 이름 - 새 이름

만나가 감추어져 있듯이 흰 돌 위에 기록된 것은 새 이름이며 받은 자 밖에는 그 이름을 알 사람이 없습니다(17절). 예수님이 낙원의 신자들에게 약속하신 친밀한 자기 계시는 은밀하고 사적입니다. 감추어진 만나는 예수님입니다. 새 이름도 예수님입니다. 예수님을 믿는 믿음을 저버리지 않는 자들은 감추었던 만나로 만족하게 됩니다. 부분적으로 알던 성도들이 그때는 온전히 알고, 거울로 희미하게 예수님을 보던 자들이 그때는 얼굴과 얼굴을 마주보게 됩니다.

사랑하는 성도 여러분, 성령님이 주신 이 놀라운 약속을 굳게 붙잡고 믿음의 도를 위하여 담대하게 싸웁시다. 진리를 지킵시다. 거룩한 삶에 헌신합시다. 버가모의 사람들처럼 이 시대에도 사람들은 권력을 찾고, 명예를 찾고, 지혜를 구하고, 미모를 구하고, 재물을 구하며 온갖 탐욕의 우상 앞에 무릎을 꿇고, 성적 방종과 타락과 음란의 물결에 빠져들어 갑니다. 이러한 때에 우리는 끝까지 진리의 길을 걸으며, 거룩한 삶을 살기에 헌신하며, 끝까지 세상 풍조와 맞서서 승리하는 복된 성도가 되어야 합니다.

예수님은 주님의 교회와 성도들이 처한 환경 곧 교회에 적대적인 문화와 사회가 둘러싸고 있으며, 세상 기준과 가치관의 압력에 그대로 노출되어 있는 우리의 상황과 환경을 아십니다. 온갖 이단과 거짓 가르침이 교회를 흔들며, 성도를 몰아치는 이때에, 사면초가와 같은 환경 속에서도 믿음을 지키며, 복음의 진리를 붙잡는 성도가 되기를 축복합니다. 세상에 물들어가는 성도가 아니라, 세상을 복음으로 물들이는 성도로 살아갑시다. 진리가 거짓을 이깁니다. 복음이 죽음을 이깁니다. 거룩이 더러움을 이깁니다. 이김을 주시는 주님의 약속을 붙잡고 담대하게 믿음의 길을 걸어가는 복된 성도, 복된 교회가 되기를 축복합니다. 아멘.

나는 그 사람에게 샛별을 주겠다.
귀가 있는 사람은 성령이 교회들에 하시는 말씀을 들어라.

(요한계시록 2:28-29)

Chapter 5

거룩한 삶
거룩한 성품
- 두아디라 교회

두아디라 교회 터

18 두아디라 교회의 심부름꾼에게 이렇게 써 보내라. '그 눈이 불꽃과 같고, 그 발이 놋쇠와 같으신 분, 곧 하나님의 아들이 이렇게 말씀하신다. 19 나는 네 행위와 네 사랑과 믿음과 섬김과 오래 참음을 알고, 또 네 나중 행위가 처음 행위보다 더 훌륭하다는 것을 안다. 20 그러나 네게 나무랄 것이 있다. 너는 이세벨이라는 여자를 용납하고 있다. 그는 스스로 예언자로 자처하면서, 내 종들을 가르치고, 그들을 미혹시켜서 간음하게 하고, 우상의 제물을 먹게 하는 자다. 21 내가 그에게 회개할 기회를 주었으나, 그는 자기 음행을 회개하려 하지 않았다. 22 보아라, 나는 그를 병상에다 던지겠다. 그와 더불어 간음하는 자들도, 그와의 행위를 회개하지 않으면, 큰 환난을 당하게 하겠다. 23 그리고 나는 그의 자녀들을 반드시 죽게

하겠다. 그러면 모든 교회는 내가 사람의 생각과 마음을 살피는 분임을 알게 될 것이다. 나는 너희 각 사람에게 그 행위대로 갚아 주겠다. 24 그러나 두아디라에 있는 사람들 가운데서 그의 가르침을 받아들이지 않은 사람들, 곧 사탄의 깊은 흉계에 물들지 않은 사람들인 너희 남은 사람들에게 내가 말한다. 나는 너희에게 다른 짐을 지우지 않겠다. 25 다만 내가 올 때까지, 너희가 가지고 있는 그것을 굳게 붙잡고 있어라. 26 이기는 사람, 곧 내 일을 끝까지 지키는 사람에게는, 민족들을 다스리는 권세를 주겠다. 27 「그는 쇠지팡이로 그들을 다스릴 것이고, 민족들은 마치 질그릇이 부수어지듯 할 것이다.」 28 이것은 마치, 내가 나의 아버지께로부터 권세를 받아서 다스리는 것과 같다. 나는 그 사람에게 샛별을 주겠다. 29 귀가 있는 사람은, 성령이 교회들에 하시는 말씀을 들어라.' (요한계시록 2:18-29)

두아디라(아키사르)

우리가 네 번째로 만나는 교회는 두아디라 교회입니다. 두아디라는 앞에서 보았던 버가모에서 동남쪽으로 65km지점에 있는 도시로 현재는 아키사르로 불리는 곳입니다. 두아디라는 알렉산더 대왕이 군사 요충지로 세운 도시입니다. 군인들은 태양의 신인 아폴로를 섬겼으며, 따라서 두아디라는 아폴로 신을 섬기는 도시로 유명하였습니다. 군사도시는 점차로 상업 중심지로 발전하면서 2천 년 전 두아

두아디라 유적

디라는 번화한 내륙 무역의 중심 도시가 되었습니다. 이후 두아디라는 교역이 활발한 상업도시로 더 유명해졌습니다. 고고학자들의 발굴에 의하면 여기에는 제빵업자, 청동 기술자, 피복상, 구두수선공, 직조공, 피혁세공업자, 염색업자, 도예공 등의 직업에 따른 조합이 형성되어 있었습니다.

이렇게 많은 산업 중에서도 이 도시의 주요한 번영의 원천이며 유명했던 것이 바로 직물이었습니다. 당시에는 섬유산업이 두아디라에서 최고로 뜨는 업종이었습니다. 두아디라에서 나오는 물은 미네랄이 매우 풍부하였기 때문에 이곳에서 염색된 붉은 색은 다른 곳에서는 볼 수 없는 깊고 밝은 붉은색이었습니다. 그러니 세상의 모든 사람이 두아디라에서 생산된 붉은 천을 원하였던 것입니다. 바울의 전도 여행에서 유럽의 최초의 회심자였던 루디아는 바로 이곳 두아디라에서 옷감 장사를 하였던 사람입니다(행 16:14). 그녀는 소아시아의 두아디라에서 사업을 하다가 마케도니아의 빌립보로 이주하였다가 그곳에서 바울이 전하는 복음을 들었습니다. 어쩌면 그리스도 안에서 거듭난 루디아는 고향 두아디라로 돌아와 이곳에서 교회를 세우고 지키는 일에 이바지 했을 수 도 있습니다.

주님의 모습

두아디라 교회에 나타나신 주님의 모습은 "그 눈이 불꽃과 같고, 그 발이 놋쇠와 같으신 분, 곧 하나님의 아들"(18절)입니다. 주님의 눈이 '불꽃과 같다'는 것은, 주님은 모든 것의 깊은 속까지도 꿰뚫어 보시는 분이며 모든 것을 알고 계신 분임을 의미합니다. 또한 이 표현은 구약의 다니엘 10장 6절을 통해 묘사된 내용으로 그리스도의 전지성을 드러냅니다(대상 28:9). 버가모에는 사탄의 왕좌가 있었던 반면, 두아디라에는 '사탄의 깊은 흉계'(24절)가 있었습니다. 깊다는 것은 쉽게 파악되지 않는다는 뜻입니다. 그러나 주님의 눈이 불꽃같기에 사탄의 깊은 것까지도 모두 파악하여 알고 계신 주님이셨습니다. 또한 '발이 놋쇠와 같으신' 하나님의 아들이라는 표현은 하나님의 아들로서의 위엄을 가지시고, 놋쇠와 같은 발로 사탄을 짓 밟고 승리하신 심판의 주님이심을 드러냅니다.

주님의 칭찬
– 전진하는 교회

두아디라 교회에 주시는 주님의 첫 말씀은 놀라운 칭찬입니다. "나는 네 행위와 네 사랑과 믿음과 섬김과 오래 참음을 알고, 또 네 나중 행위가 처음 행위보다 더 훌륭하다는 것을 안다."(19절) 여기에는 적어도 참된 그리스도인의 삶의 가장 중요한 요소가 잘 나타나 있습니다. 두아디라 교회의 성도들은 그리스도인답게 신앙인의 탁월한 성품을 가지고 있었습니다. 그들의 행위 곧 그들의 삶에는 사랑이 있었습니다. 에베소 교회가 잃어 버렸던 그 사랑이 두아디라 교회에는 있었습니다.

또한 이 교회에는 믿음이 있었습니다. 두아디라의 성도들은 믿음

두아디라 교회 건물 벽

에 있어서 두드러졌습니다. 서머나 교회가 고난과 역경 중에 가졌던
그 믿음을 이들도 가지고 있었습니다. 뿐만 아니라 이들에게는 에베
소 교회가 칭찬 받았던 그 섬김이 있었습니다. 이렇게 볼 때 두아디
라 교회는 그리스도인 공동체의 아름다운 미덕이 활짝 핀 화려한 동
산과 같은 교회였습니다.

　더 나아가서 그들의 삶에는 사랑과 믿음과 섬김뿐만 아니라 인내
도 있었습니다. 인내는 소망의 열매입니다. 그러므로 두아디라 교회
는 주님으로부터 믿음 소망 사랑을 인정받은 멋지고 아름다운 교회

였습니다. 마치 사도 바울이 데살로니가 교회를 칭찬한 그 내용이 그대로 있는 것 같습니다. "여러분의 믿음의 행위와 사랑의 수고와 우리 주 예수 그리스도께 둔 소망을 굳게 지키는 인내를 언제나 기억하고 있습니다."(살전 1:3)

이것이 전부가 아닙니다. 모든 행위를 아시는 주님은 계속해서 말씀하셨습니다. "네 나중 행위가 처음 행위보다 더 훌륭하다는 것을 안다."(19절) 두아디라 교회는 이렇게 전진하는 교회였습니다. 믿음의 진보가 있는 교회였습니다. 믿음이 자라는 교회였습니다. 처음보다 나중의 행위가 더 아름답고 훌륭한 교회였습니다. 이것은 주님이 모든 믿는 자에게 기대하시는 모습이기도 합니다. 주님은 우리의 "믿음이 더욱 자라고 … 각기 서로 사랑함에 풍성"(살후 1:3)하기를 원하십니다. 주님은 우리 모두가 "예수 그리스도의 온전하신 분량까지 자라기"(엡 4:13)를 원하고 계십니다. 많은 그리스도인들이 출발은 잘 하였지만 자라기를 멈춘 경우가 얼마나 많습니까? 그런데 두아디라 성도들은 사랑과 믿음과 인내 안에서 계속 성장하고 있었습니다.

주님의 책망

그러나 좀 더 읽다 보면 이렇게 뛰어난 교회임에도 불구하고 주님으로부터 책망을 받은 것이 있습니다. 정말 아쉽습니다. 사실 이세상의 어떤 교회도 완벽하지 않습니다. 교회는 온전한 그리스도의 몸을 이루기 위해 계속 성숙해 가는 생명 공동체입니다. 두아디라 교회가 가지고 있었던 문제는 바로 도덕적인 타협이었습니다. 그 아름다운 두아디라 동산 안에 독초가 자라고 있었습니다. 건강한 성장과 거룩한 삶을 해치는 악성 종양이 자라고 있었습니다. 그래서 주님은 이렇게 말씀하십니다.

"그러나 네게 나무랄 것이 있다. 너는 이세벨이라는 여자를 용납하고 있다. 그는 스스로 예언자로 자처하면서 내 종들을 가르치고, 그들을 미혹시켜서 간음하게 하고, 우상의 제물을 먹게 하는 자다. 내가 그에게 회개할 기회를 주었으나, 그는 자기 음행을 회개하려하지 않았다."(20-21절) 두아디라 교회의 문제는 한 마디로 그들의 삶에서 거룩함을 잃어버렸다는 것입니다. 그들에게는 사랑도 믿음도 섬김도 인내도 있었습니다. 그러나 거룩함이 상처받았습니다. 그들은 이세벨이라는 상징적인 이름으로 불리는 사람으로 하여금 무

분별한 방종을 가르치도록 허용했으며, 그것을 제지하려는 시도를 전혀 하지 않았습니다. 이런 점에서 두아디라 교회는 에베소 교회와는 반대의 모습을 보여줍니다. 에베소 교회는 자칭 사도라고 하는 악한 자들을 용납하지 않았지만 사랑이 없는 것이 문제였던 반면, 두아디라 교회는 사랑은 있었지만 사악한 이세벨을 용납하였던 것입니다.

1. 참된 교회의 표지

거룩한 삶은 진정한 그리스도인, 진정한 교회가 되는 매우 중요한 표지가 됩니다. 성경은 성도들의 거룩함이 궁극적인 삶의 목표임을 강조하고 있습니다. 바울은 말씀합니다. "하나님의 뜻은 여러분이 성결하게 되는 것입니다. 여러분은 음행을 멀리하여야 합니다."(살전 4:3) "하나님은 세상 창조 전에 그리스도 안에서 우리를 택하시고 사랑해 주셔서 하나님 앞에서 거룩하고 흠이 없는 사람이 되게 하셨습니다."(엡 1:4) 베드로 사도는 말씀합니다. "하나님께서는, 우리가 그를 앎으로 말미암아 생명과 경건에 이르게 하는 모든 것을, 그의 권능으로 우리에게 주셨습니다. 하나님은 우리를 부르셔서 그의 영광과 덕을 누리게 해 주신 분이십니다. 그는 이 영광과 덕으로 귀중하고 아주 위대한 약속들을 우리에게 주셨습니다. 그것은 이 약속들로 말미암아 여러분이 세상에서 정욕 때문에 부패하는 사람이 되는 것이 아니라, 하나님의 성품에 참여하는 사람이 되게 하시려는 것입니다."(벧후 1:3-4)

하나님은 모든 자녀들이 하나님을 닮아 거룩한 하나님의 성품을 갖기를 원하십니다. 그러므로 거룩은 우리를 향하신 하나님의 뜻이며, 우리의 삶의 목표가 됩니다. 뿐만 아니라 거룩은 성령님이 우리 안에 거하시는 목적이기도 합니다. "하나님께서 우리를 불러 주신 것은 … 거룩함에 이르게 하시려는 것입니다. 그러므로 이 경고를 저버리는 사람은 … 성령을 주시는 하나님을 저버리는 것입니다." (살전 4:7-8)

이처럼 우리를 향하신 성부 성자 성령 하나님의 뜻이 우리를 거룩하게 하시는 것이므로, 사탄은 신자들과 교회를 꾀어서 죄에 빠뜨리려고 안간힘을 쓰고 있습니다. 사탄은 핍박으로 교회를 무너뜨리려고 합니다. 그것이 안 되면 이단으로 무너뜨리려고 합니다. 그것도 안 되면 안으로 들어와서 바벨론의 음녀 곧 죄악으로 타락시켜

교회를 무너뜨립니다. 계시록에는 바벨론의 음녀에 대해 분명하게 증언합니다. "대접 일곱 개를 가진 그 일곱 천사 가운데 하나가 와서, 나에게 "이리로 오너라. 큰 바다 물 위에 앉은 큰 창녀가 받을 심판을 보여 주겠다. 세상의 왕들이 그 여자와 더불어 음행을 하였고, 땅에 사는 사람들이 그 여자의 음행의 포도주에 취하였다" 하고 말하였습니다. 그리고 그 천사는 성령으로 나를 휩싸서, 빈 들로 데리고 갔습니다. 나는 한 여자가 빨간 짐승을 타고 앉아 있는 것을 보았는데, 그 짐승은 하나님을 모독하는 이름들로 가득하였고, 머리 일곱과 뿔 열 개가 달려 있었습니다. 이 여자는 자주색과 빨간색 옷을 입고 금과 보석과 진주로 꾸미고, 손에는 금잔을 들고 있었는데, 그 속에는 가증한 것들과 자기 음행의 더러운 것들이 가득하였습니다. 그리고 이마에는 '땅의 음녀들과 가증한 것들의 어미, 큰 바빌론'이라는 비밀의 이름이 적혀 있었습니다."(계 17:1-6). 사탄은 이 전략을 두아디라 교회에 사용했습니다.

2. 이세벨의 음행과 술수

이렇게 사탄은 두아디라 교회를 향하여 이세벨의 음행과 술수를 사용하였는데 '이세벨'이라는 이름에 대해서는, 두아디라 교회에 꼭 이런 이름의 여인이 있었을지도 모르지만, 일반적으로는 상징적인 이름으로 봅니다. 분명한 것은 두아디라 교회에는 교회를 거룩하지 못하게 하였던 여인이 있었으며, 이 여인은 구약에 나오는 이세벨의 이름이 나타내는 의미를 가진 사람이었다는 것입니다.

이세벨은 구약에서 가장 사악한 왕이었던 아합의 아내였습니다. 이방나라 아스다롯 여신의 제사장이었던 엣바알의 딸인 이세벨은 이스라엘에 자기의 우상을 가지고 들어왔습니다. 아스다롯은 로마의 비너스 여신에 해당하는 페니키아 여신이었습니다. 이세벨은 온 나라에 온통 음란과 부덕함의 혐오스러운 교리를 퍼뜨리는데 혈안이 되어 있었습니다. 이세벨이라는 이름은 문자적으로는 순결이라는 뜻이었지만, 그녀의 행동은 음란하고 사악하였습니다. 그녀는 사마리아에 아스다롯 신전과 제단을 지었습니다. 또한 음란한 이단 선지자 850인을 보살폈고, 의로운 하나님의 선지자는 보이는 대로 모두 죽였습니다. 이세벨은 온 이스라엘을 타락의 길로 몰아갔던 사탄의 두목이었습니다.

사도 요한이 이 편지를 쓸 때는 이미 이세벨이 죽은 지 1천년이 지났을 때입니다. 그러나 그 이세벨은 두아디라 교회에 사악한 모습으로 다시 나타났습니다. 예수님의 사람들을 미혹하여 간음하고 우상의 제물을 먹게 하였습니다. 우상의 제물을 먹었다는 것은 두아디라가 상업도시인 것과 관계가 됩니다. 두아디라에는 각종 업종마다 조합이 형성되어 있었고, 조합에 가입해야 사업을 잘 할 수 있었습니다. 조합마다 수호신이 있었고, 그들의 신에게 제사를 드렸으며, 무역을 위한 온갖 제사 행위는 우상숭배와 무절제한 음란에 빠지는 길이었습니다. 놀랍게도 이세벨이 미혹한 사람들은 "내 종들"(20절) 곧 주님의 사람들이었습니다. 주님의 종들이 주님에 대한 믿음을 저버렸으며, 자신의 직장과 사업을 잃지 않으려고 이방의 신들에게 제사하고 음란에 빠지면서 주님을 배반하였습니다.

주님은 미혹된 자들에게 회개의 기회를 주었고 기다리셨습니다 (21절). 그러나 그들은 회개하지 않았습니다. 결국 주님은 이들을 향한 심판을 선언하셨습니다. "보아라, 나는 그를 병상에다 던지겠다. 그와 더불어 간음하는 자들도, 그와의 행위를 회개하지 않으면, 큰 환난을 당하게 하겠다. 그리고 나는 그의 자녀들을 반드시 죽게 하겠다. 그러면 모든 교회는 내가 사람의 생각과 마음을 살피는 분임을 알게 될 것이다. 나는 너희 각 사람에게 그 행위대로 갚아 주겠

다."(22-23절)

　주님은 불꽃같은 눈으로 교회를 살피고 계십니다. 그분의 눈은 온 땅을 감찰하십니다. 누구도 그분의 눈을 피할 수 없습니다. 다 아시는 주님은 이세벨의 유혹에 빠진 자들에게 경고하셨습니다. 그러나 기회는 영원하지 않습니다. 회개하지 않으면 심판은 어김없이 임할 것입니다.

3. 거룩함을 상실한 타락

　이처럼 두아디라 교회가 책망 받은 이유는 거룩함을 상실하였기 때문입니다. 교회가 거룩함을 상실할 때 교회는 생명력을 잃고, 영향력을 상실하며 심판의 대상으로 추락하게 됩니다. 더러움과 죄를 용납하는 교회는 결국 무너지게 됩니다. 주님은 이세벨을 따르고 회개하지 않는 자들을 죽게 할 것이라고 경고하십니다. 버가모 교회에도 발람의 문제와 우상의 제물과 음란의 문제를 책망하셨는데, 버가모 교회의 경우는 이단과 관계된 가르침과 교리의 문제였다면, 두아디라 교회의 문제는 보다 행위적인 문제 곧 윤리의 문제를 지적하셨습니다. 에베소 교회처럼 악한 자들을 용납하지 않고 잘라 버리는 데 실패한 두아디라 교회였습니다. 아합 왕이 아내 이세벨에 대해서 나약하게 대했던 것처럼 두아디라 교회도 나약하고 줏대 없이 이세벨을 대했던 것입니다. 주님은 이세벨을 용납한 그들을 용납하실 수 없었습니다.

주님의 권고
– 그리스도의 임재 안에서 사는 법을 배우라

주님은 타락한 자들에게는 준엄한 심판을 예고하셨으나, 믿음을 저버리지 않은 성도들에게는 사랑의 권고를 주셨습니다. "… 나는 너희에게 다른 짐을 지우지 않겠다. 다만 내가 올 때까지, 너희가 가지고 있는 그것을 굳게 붙잡고 있어라."(24-25절) 주님은 이미 주신 것을 붙잡으라고 하셨습니다. 이미 주신 것이 무엇입니까? 그것은 바로 교회의 바른 가르침과 진리이신 주님의 말씀입니다. 성경에서 하나님을 부르는 여러 가지 명칭이 있지만, 특별히 하나님은 '이스라엘의 거룩하신 분'으로 불리십니다. 구약은 하나님이 거룩하시며, 하나님의 백성은 거룩한 백성으로 부름을 받았다는 것을 분명하게 말씀합니다. 히브리어로 '카도쉬'라고 하는 '거룩'이라는 단어의 뜻은 '구별되었다'는 것입니다. '구별된 것'이 거룩입니다. 하나님은 거룩하십니다. 왜 거룩하십니까? 세상 우주 만물과 구별되시는 분이시기 때문입니다. 우리와 구별되는 분이시기 때문입니다. 하나님은 창조주이시며, 우주 만물은 피조물입니다. 우리는 그분이 지으신 피조물입니다. 하나님은 구속하시는 분이시라면 우리는 구속을 받아야 하는 존재입니다. 하나님과 인간은 근본적으로 구별됩니다. 그러므로 '거룩하다'는 것은 존재와 관계된 것입니다.

출애굽기 3장에는 모세가 불타는 떨기나무를 통해 하나님을 만나는 장면이 나오는데, 하나님은 모세에게 이렇게 말씀하십니다. "네가 선 곳은 거룩한 땅이니 네 발에서 신을 벗으라."(출 3:5) 하나님은 모세가 선 곳이 거룩한 땅이라고 하셨습니다. 모세가 선 자리의 흙이 특별한 종류의 흙이었기 때문이 아닙니다. 그 자리는 하나님의 임재하심으로 그 순간 다른 장소와는 구별되었기 때문입니다. 구별되었으므로 거룩하다고 부르신 것입니다. 교회에서 사용하는 여러 기구들을 특별히 성구라고 합니다. 예배를 위해 구별되었기 때문입니다.

하나님의 백성으로 부르심을 받은 것은 구별된 백성으로 부르심을 받은 것입니다. 하나님의 백성은 구별된 백성으로 부르심을 받았기에 거룩한 백성입니다. 우리는 구별된 사람들이기에 성도입니다. 베드로는 성도들을 향해서 이렇게 말씀합니다. "너희는 택하신 족속이요 왕 같은 제사장들이요 거룩한 나라요 그의 소유가 된 백성이다."(벧전 2:9) 시내산에 오른 모세에게 하나님은 말씀하셨습니다. "세계가 다 내게 속하였나니 너희가 내 말을 잘 듣고 내 언약을 지키면 너희는 모든 민족 중에서 내 소유가 되겠고, 너희가 내게 대하여 제사장 나라가 되며 거룩한 백성이 되리라."(출 19:5-6)

그렇습니다. 하나님은 이스라엘을 향해 그들이 다 하나님께 속하였다고 말씀하셨습니다. 쉽게 말하면 하나님의 소유라는 것입니다. 베드로전서 2장에서도 성도는 하나님의 소유된 백성이라고 말씀하셨습니다. 소유권 개념은 거룩한 백성됨을 이해함에 있어서 매우 중요합니다. 우리가 하나님의 부르심을 받아 하나님의 소유가 되었다는 것은, 그리스도 안에서 자신의 주인이 완전히 바뀌었음을 의미합니다. 성도의 주인은 하나님이십니다. 이것이 하나님의 백성과 세상 사람들이 근본적으로 다른 중요한 점입니다. 우리 자신이 하나님의 것이며, 온 우주 만물이 다 하나님의 것입니다. 우리가 생산하는 모든 것도 하나님의 것입니다. 그러므로 이스라엘 백성들은 첫 소출을 하나님께 드렸습니다. 십분의 일을 하나님께 드렸습니다. 내 삶의 모든 것의 주인이 하나님이냐 아니면 나 자신이냐에 따라서 내가 진정으로 거룩한 백성인지 아닌지가 결정되고 구분됩니다. 하나님의 소유가 된 우리는 구별된 삶을 살 때 거룩함을 지키는 성도가 됩니다. 주님은 우리들이 삶과 성품이 거룩한 성도가 되며, 온전히 거룩한 교회가 되기를 원하십니다.

우리는 거룩한 삶을 살기 위해 그리스도의 임재 안에서 사는 법을 배워야 합니다. 하나님이 항상 나를 보고 계시다는 믿음은 우리가 거룩한 삶을 살도록 강력하게 자극합니다. 임마누엘의 하나님은 항상 우리와 함께 하셔서 우리를 도우시며 인도하십니다. 그러나 동시에 우리는 우리의 삶이 언제나 '하나님 앞에 서 있는 존재'임을 잊지 말아야 합니다. 이러한 삶을 '코람데오'의 삶이라고 합니다. 성도는 '하나님 앞에 선 존재'라는 뜻입니다.

사도 바울은 말씀합니다. "사랑하는 여러분, ⋯ 육과 영의 모든 더러움에서 떠나서 자신을 깨끗하게 하며 하나님을 두려워하는 가운데 온전히 거룩하게 됩시다."(고후 7:1) 언제나 나를 살피시는 하나님을 경외하며 두려움과 떨림 가운데 말씀과 기도로 거룩한 삶을 살라는 권고입니다. 사랑하는 성도 여러분, 구별된 존재로 살아가기를 두려워하지 마십시오. 거룩한 백성의 모습을 잃지 마십시오. 담대하게 복음을 전파할 수 있는 당당한 하나님의 백성으로 살아가십시오. 거룩한 삶을 위해 거룩한 습관을 키우십시오. 성경은 말씀합니다. "하나님께서 지으신 것은 모두 다 좋은 것이요, 감사하는 마음으로 받으면, 버릴 것이 하나도 없습니다. 모든 것은 하나님의 말씀과 기도로 거룩해집니다."(딤전 4:4-5) 예수님은 기도하셨습니다. "내가 세상에 속하지 않은 것과 같이, 그들도 세상에 속하지 않았습니다. 진리로 그들을 거룩하게 하여 주십시오. 아버지의 말씀은 진리입니다. … 그리고 내가 그들을 위하여 나를 거룩하게 하는 것은, 그들도 진리로 거룩하게 하려는 것입니다."(요 17:16-17, 19) 예수님이 곧 말씀이며 진리이십니다. 거룩하신 예수님이 우리 안에 계실 때 우리는 거룩해집니다. 우리가 거룩한 교회가 되기 위해서 우리는 말씀과 기도를 붙잡아야 합니다. 말씀과 기도 중심으로 삶의 습관을 세우는 것입니다. 말씀과 기도는 우리가 하나님의 마음을 만나고 하나님의 성품을 닮게 합니다. 하나님과 깊은 영적 교제와 친밀함을 통해 우리는 하나님의 거룩한 빛을 받게 됩니다.

주님의 약속
– 거룩한 교회가 누리는 영광

주님은 다른 교회에 그러하셨듯이 두아디라 교회에도 약속의 말씀을 주십니다. "이기는 사람, 곧 내 일을 끝까지 지키는 사람에게는 민족들을 다스리는 권세를 주겠다. … 나는 그 사람에게 샛별(새벽별)을 주겠다."(26, 28절) 거룩함을 지킨 교회가 누리는 영광은 첫째로 민족을 다스리는 권세를 얻는 것입니다. 이것은 예수님과 함께 통치하는 교회가 되는 것을 말합니다. 예수님은 열 므나의 비유에서 "네가 지극히 작은 것에 충성하였으니 열 고을 권세를 차지하리라" (눅 19:17)고 말씀하셨습니다. 그렇습니다. 이 땅에서 주님의 말씀에 순종하며 거룩한 삶을 지켜낸 성도들은 주님과 함께 세상을 통치하는 영광을 누리게 될 것입니다.

또한 주님은 이기는 사람들에게 새벽별을 주시겠다고 약속해 주셨습니다. 예수님이 주실 새벽별이 무엇인지에 대해서는 많은 설명이 있지만, 계시록 22장 16절에서 예수님은 자신을 '광명한 새벽별'이라고 하셨습니다. 또한 주님은 "야곱에게서 나오는 한 별"(민 24:17)이십니다. 그러므로 이기는 자에게 주시는 별은 바로 예수님 자신임을 알 수 있습니다. 세상의 기준을 거부하고, 자신의 타락한 본성의 욕망을 다스리며, 사탄의 유혹을 물리친 신실한 성도들은 이 밝은 새벽별을 얻게 될 것입니다. 이세벨을 거부한 자들은 그리스도를 받을 것입니다. 그들은 예수님의 권세는 물론 예수님의 영광에도 동참하게 될 것입니다. 죄의 어두움에 등을 돌린 자들은 예수 그리스도의 밝은 광채를 볼 것입니다. 별이신 주님이 늘 함께하시는 복된 우리 교회가 되기를 바랍니다.

우리 모두 거룩한 교회, 삶과 성품이 거룩한 성도가 되기에 힘씁시다. 거룩함의 능력을 회복하고, 거룩함의 권세를 회복합시다. 이 시대에 하나님이 찾으시는 사람은 거룩한 사람입니다. 하나님이 찾으시는 교회는 거룩한 교회입니다. 거룩함이 능력입니다. 어둡고 음란한 세상 가운데서 거룩한 믿음의 삶을 지키는 우리 모두 위에 하나님의 놀라운 은총이 넘치시기를 축복합니다. 아멘.

나는 그의 이름을 생명책에서 지워 버리지 않을 것이다.…
귀가 있는 사람은 성령이 교회들에 하시는 말씀을 들어라.

(요한계시록 3:5-6)

Chapter 6

죽음에서
생명으로
– 사데 교회

사데의 아데미 신전 기둥과 뒤에 있는 교회 예배당

1 사데 교회의 심부름꾼에게 이렇게 써 보내어라. '하나님의 일곱 영과 일곱 별을 가지신 분이 말씀하신다. 나는 네 행위를 안다. 너는 살아 있다는 이름은 있으나, 실상은 죽은 것이다. 2 깨어나라. 그리고 아직 남아 있지만 막 죽어 가는 자들을 굳건하게 하여라. 나는 네 행위가 나의 하나님 앞에서 완전하다고는 생각하지 않는다. 3 그러므로 네가 그 가르침을 어떻게 받고 어떻게 들었는지를 되새겨서, 굳게 지키고, 회개하여라. 만일 네가 깨어 있지 않으면 내가 도둑같이 올 것인데, 어느 때에 내가 네게 올지를 너는 알지 못한다. 4 그러나 사데에는 자기 옷을 더럽히지 않은 사람 몇이 있다. 그들은 흰 옷을 입고 나와 함께 다닐 것인데, 그들은 그럴 자격이 있기 때문이다. 5 이기는 사람은 이와 같이 흰 옷을 입을 것인데,

나는 그의 이름을 생명책에서 지워 버리지 않을 것이며, 내 아버지 앞과 아버지의 천사들 앞에서 그의 이름을 시인할 것이다. 6 귀가 있는 사람은, 성령이 교회들에 하시는 말씀을 들어라.' (요한계시록 3:1-6)

사데(살리힐리)

오늘 우리가 만나는 다섯번 째 교회는 사데 교회입니다. 사데는 앞에서 본 두아디라에서 동남쪽으로 약 50km 떨어진 곳에 있는 도시입니다. 트몰루스 산기슭을 따라 헤르무스 강의 비옥한 골짜기에 위치한 사데는 여러 내륙도로가 만나는 곳이기도 해서 무역과 교통의 중심지였습니다. 사데는 알렉산더 대제와 안티오쿠스 대제에게 점령되면서 더욱 유명해졌다고 합니다. 이곳은 상업이 발달하였고 소아시아 지역에서는 금과 은의 합금으로 된 동전이 처음으로 주조된 곳이기도 합니다. 사이벨레 신전이 유명하였으며 아직도 남아 있는 아데미 신전 터의 거대한 돌기둥은 당시의 위용을 짐작하게 해줍니다. 그러나 그 후 점점 쇠퇴해 가면서 이전의 명성을 잃었다가 주후 17년에 일어난 지진으로 도시 전체가 초토화 되었습니다. 그러나 5년간 세금을 면제해 준 테베리우스 황제 덕택에 사데는 재건

사데의 아데미 신전 기둥

되었지만, 이전의 영광을 되찾지는 못했습니다.

주님의 모습

사데 교회에 나타나신 주님의 모습은 '하나님의 일곱 영과 일곱
별을 가지신 분'입니다. '일곱 영'이라는 표현은 '완전하고 넘치는

영'이 되시는 주님을 의미합니다. 특별히 일곱 영은 살리는 생명의 영이며 부활의 영이심을 의미하는데 이것은 사데 교회의 상태에 대해 '죽었다'고 하시는 책망과 밀접한 관계가 있습니다. 또한 '일곱 별을 가지신 분'이라고 하십니다. 우리는 이미 '일곱 별'이 '일곱 교회의 사자'(계 1:20)를 의미하는 것임을 보았습니다. 그러므로 '일곱 별'을 가지신 분이라는 것은 교회의 사자를 완전히 잡고 계시며, 통치하심을 뜻합니다. 예수님을 가리켜서 '샛별(새벽별)'(계 2:28, 22:16)이라고 불렀듯이 예수님은 세상의 빛으로 오셔서 죄로 죽은 세상에 구원의 빛을 비추셨습니다. 이처럼 교회의 사자들은 세상의 빛인 존재로 부름을 받은 사명을 가지고 있음을 나타냅니다.

주님의 책망

놀랍게도 주님께서 사데 교회에게 주신 편지에서는 칭찬의 말씀이 없이 책망의 말씀이 곧바로 선포됩니다. 뿐만 아니라 일곱 교회에 보낸 편지 중에서 가장 혹독한 책망의 내용을 담고 있습니다. 책망이 편지의 내용의 전부일 정도입니다. 그러므로 우리는 사데 교회에 주신 주님의 메시지를 더욱 떨리는 마음으로 대하게 됩니다. 주님께서 사데 교회에 내리신 무서운 책망은 1절부터 드러납니다. 그들의 영적인 파산을 그대로 보여주는 이 말씀은 마치 주후 17년 지진으로 폐허가 되었던 도시처럼 사데 교회의 무너진 모습을 드러냅니다. 주님은 말씀하셨습니다. "나는 네 행위를 안다. 너는 살아 있다는 이름은 있으나, 실상은 죽은 것이다."(계 3:1) 사데 교회를 향하여 주님은 '죽었다!'고 선언하셨습니다. 이름은 살아 있는데 실제는 죽었다는 것입니다.

사데 교회는 사실 많이 알려진 교회였습니다. 발전하는 교회라는 명성이 널리 퍼진 교회였습니다. 도시와 동네에서 좋은 평을 받았고, 다른 여섯 교회들에게도 그 활기가 알려져 있었습니다. 사데 교회에는 발람의 가르침이나 니골라당의 교훈이나, 이세벨의 문제가 없었던 것으로 보입니다. 사데 교회를 찾은 방문자들이 있었다면, 그들은 예배에 참석하거나 사데교회의 활동을 지켜보면서 이렇게 말했던 것 같습니다. "이 교회는 정말 살아 있구나!" 사실 사데 교회는 성장하고 있었으며 꽤 큰 교회였습니다. 훌륭한 사역을 하고 있었으며, 어느 모로 보나 활력과 생기가 있었습니다. 그러나 주님은 사데 교회를 향하여 죽었다고 선언하셨습니다.

1. 영적인 묘지가 된 교회

겉으로 보기에는 살아 있다는 이름으로 소문났던 사데 교회는 실제로는 영적인 묘지였습니다. 살아있는 것처럼 보였지만 실상은 죽어 있었습니다. 팔팔하다는 이름만 있었지 참 생명이 없었습니다. 주님은 이것을 꿰뚫어 보시면서 "나는 네 행위가 나의 하나님 앞에서 완전하다고는 생각하지 않는다."(2절)고 말씀하셨습니다. 교회에 행위가 있긴 했지만 온전하지 못했습니다. 온전하지 않다는 것은 그들의 행위가 단지 의무와 형식적인 것이었을 뿐 진실로 하나님의 뜻을 행하거나, 하나님의 말씀대로 사는 것과는 거리가 멀었다는 것을 말합니다. 사데 교회가 얻은 명성은 사람들에게서 얻은 것일 뿐 하나님으로부터 얻은 것은 아니었습니다. 사람들의 눈에는 대단해 보였을지 모르지만, 하나님의 눈에는 사데 교회의 행위가 완전하지 못하였습니다. 사람이 보는 것과 하나님께서 보시는 것은 다릅니다. 세상이 말하는 명성이나 실체는 하나님이 인정하시는 것과는 아주 다릅니다.

그렇다면 사데 교회가 생명력을 잃은 채 영적인 묘지가 된 원인은 무엇일까요? 우리는 그 단서를 4절에서 찾아볼 수 있습니다. "그러나 사데에는 자기 옷을 더럽히지 않은 사람 몇이 있다." 주님은 사데 교회의 전반적인 영적인 죽음에도 불구하고 아직 죽지 않은 몇몇 사람이 있다고 말씀하십니다. 어떤 분들은 이 구절을 사데 교회에 주신 칭찬으로 보기도 합니다. 주님은 소수의 성도들을 가리켜서 "그 옷을 더럽히지 아니한 자들"이라고 말씀하셨습니다. 그러므로 우리는 사데 교회를 죽음으로 몰아간 문제는 바로 '그들을 더럽힌 것'이며, 죄가 그들 속에 스며들어와 영적으로는 죽었음을 알 수 있습니다. 결국 그들은 속으로는 죄로 인하여 부패하였고 더럽혔지만, 겉으로는 그렇지 않은 듯 살아있다는 이름만을 가졌던 위선에 빠져 있었습니다.

2. 위선으로 가려진 교회

무대에서 가면을 쓰고 연기하는 것을 '위선'이라고 합니다. 사데 교회는 신앙의 가면을 쓰고 배우처럼 행동했습니다. 사데 교회의 죽음의 원인은 가면 뒤에 숨겨졌던 그들의 영적인 더러움이었습니다. 죄가 교회에 스며들어 생명을 잃은 채 썩고 죽어갔던 것입니다. 두아디라 교회의 이세벨이나 에베소와 버가모의 니골라당 보다는 덜 공개적이었는지 모르지만, 주님은 평판 좋은 그들의 이름 뒤에 숨겨진 은밀하게 숨은 더러운 죄악을 아셨습니다.

그리스 역사가인 헤로도투스에 의하면 사데 사람들은 시간이 지날수록 도덕적인 기준이 해이해졌으며, 아예 노골적으로 방종을 일삼는다는 평판을 얻었다고 합니다. 사데 교회의 성도들은 "이 세대를 본받지 말라"(롬 12:2)는 말씀이나 "이 세상이나 세상에 있는 것들을 사랑치 말라"(요일 2:15)는 명령을 잊은 성도들이었습니다. 누룩이 서서히 퍼져서 마침내 반죽 전부를 부풀게 만들듯이 죄는 교회를 부패 속으로 떨어뜨려 죽음의 파멸로 이끌어 갑니다. 사데 교회는 명성은 자자했지만, 단지 이름과 무늬만 그리스도인인, 영적으로는 죽은 사람들로 가득한 교회가 되고 말았습니다.

예수님이 유대 땅을 거니실 때에 예수님과 그렇게도 대립하였던 바리새인들의 문제가 바로 그것이었습니다. 그들은 겉으로는 가장 거룩한 사람들이었으며, 구별된 삶에 헌신한 사람들이었습니다. 사람들은 바리새인들을 존경하였고 거룩한 사람들이라고 불렀지만, 주님은 그들에게서 생명 없는 죽음을 보셨습니다. 주님은 이들을 가리켜서 "회칠한 무덤"(마 23:27)이라고 책망하셨습니다. 겉으로는 하얗게 회가 칠해져 있지만, 속에는 시체가 썩어가고 있는 무덤과 같은 그들을 주님은 정확하게 책망하셨습니다. 바리새인들의 경건한 행동은 단지 사람들에게 보이기 위한 것일 뿐, 하나님께는 온전하지 못했던 것입니다.

갈라디아서 2장에는 바울이 베드로의 위선을 책망한 내용이 있습니다. 베드로는 겉으로는 복음으로 이방인을 품어주고 함께하는 듯 하였지만, 야고보가 보낸 사람들이 온다는 말에 이방인과 함께 있던 자리를 떠나 피했습니다. 이때 바울은 대놓고 책망하였습니다. "나머지 유대 사람들도 그와 함께 위선을 하였고, 마침내는 바나바까지도 그들의 위선에 끌려갔습니다."(갈 2:13)

위선은 우리의 모든 영적인 삶에 슬며시 스며듭니다. 심지어 우리의 예배에도 스며들 수 있습니다. 겉으로는 매끄럽고, 정돈 되었고, 신앙고백도 하고, 찬송도 부르고, 기도도 하지만 진정으로 마음은 다른 곳에 가 있다면 심각한 문제입니다. 예배의 형식과 모양은 있지만 진정으로 살아계신 하나님을 만나고, 그분의 임재 앞에 온 마음과 뜻을 다해 경배하지 않는다면, 그 예배는 위선적인 예배일 수밖에 없습니다.

주님의 권고

실상은 죽은 교회였던 사데 교회에 주신 주님의 처방은 무엇입니까? 죽은 교회가 어떻게 살아날 수 있을까요? 주님은 긴급하고 강한 명령으로 권고하십니다. "깨어나라. 그리고 아직 남아 있지만 막 죽어 가는 자들을 굳건하게 하여라. 나는 네 행위가 나의 하나님 앞에서 완전하다고는 생각하지 않는다. 그러므로 네가 그 가르침을 어떻게 받고 어떻게 들었는지를 되새겨서, 굳게 지키고, 회개하여라. 만일 네가 깨어 있지 않으면 내가 도둑같이 올 것인데, 어느 때에 내가 네게 올지를 너는 알지 못한다. 그러나 사데에는 자기 옷을 더럽히지 않은 사람 몇이 있다. 그들은 흰 옷을 입고 나와 함께 다닐 것인데, 그들은 그럴 자격이 있기 때문이다."(2-3절)

1. 깨어서 굳건하게 하라

주님은 강력하게 말씀하십니다. 깨어나라! 굳건하게 하라! 기억하라! 되새겨라! 순종하라! 지켜라! 회개하라! 주님은 남아 있지만 죽어가는 자들을 굳건하게 하라고 하십니다. 주님은 이미 사데 교회는 죽었다고 선언하셨습니다. 그럼에도 죄와 위선의 죽음에 빠지지 않은 소수의 사람들이 있었습니다. 그들은 자기 옷을 죄에 더럽히지 않고 흰 옷을 입은 자들입니다. 이들이야말로 죽은 교회에 생명력을 불어넣을 소수의 성도들이었습니다. 주님은 죄의 무덤 가운데서도 거룩하게 남아 있는 흰 옷을 입은 성도들에게 희망이 있음을 말씀하신 것입니다. 물론 '깨어나라!'고 하신 것은 일차적으로는 교회의 사자에게 주신 말씀입니다. 그러나 이 말씀은 또한 교회에 생명을 불어 넣을 성도에게 주시는 생명 회복의 길입니다. 우리는 깨어나야 합니다. 성경은 말씀합니다. "정신을 차리고, 깨어 있으십시오. 여러분의 원수 악마가, 우는 사자 같이 삼킬 자를 찾아 두루 다닙니다." (벧전 5:8)

사데라는 도시는 깨어있음이 얼마나 중요한지를 실제로 잘 보여주는 역사를 가지고 있습니다. 난공불락의 성으로 여겨졌던 사데 성이 두 번이나 적군의 기습에 무너졌는데, 한 번은 페르샤의 고레스 왕에게, 또 한 번은 안티오쿠스 대제에게 망한 것입니다. 한 역사책에는 사데 성의 몰락에 대해 이렇게 기록되어 있다고 합니다. "주전 549년에는 한 페르샤 병사가, 218년에는 한 크레테 병사가 사데의 아크로폴리스를 성공적으로 기어올랐다. 깨어 경계하지 않았기 때

아데미 신전 뒤쪽으로 성벽터가 남아 있다

문이다." 이렇듯 사데는 깨어있지 못하여 성이 점령당했던 전과를
가지고 있는 도시였습니다.

2. 기억하고 지키어 회개하라

　주님은 계속해서 사데 교회에 말씀하십니다. 그것은 받은 진리의
가르침을 '기억하고 굳게 지키고 회개하라!'(3절)는 것입니다. 주님
께서 에베소 교회에게 기억하라고 하셨듯이, 사데 교회에도 기억하

고 되새기라고 하셨습니다. 기억은 소중하고 복된 선물입니다. 회개하는 길은 기억을 통해서 열립니다. 우리는 예수 그리스도의 구속의 은혜와 십자가의 사랑과 부활의 능력을 되새기고, 주님의 은혜를 입은 나의 모습을 기억할 때 주님께로 돌이킬 수 있습니다.

존 스토트 목사님은 주님께서 "네가 그 가르침을 어떻게 받고 들었는지"(3절)라고 말씀하신 것은 성령님을 가리키는 것이라고 했습니다. 하나님께서 우리가 주님을 믿을 때에 주신 최고의 선물은 하나님의 성령입니다. 그분은 우리 안에 오셔서 우리의 성품을 바꾸시며, 우리가 예수님의 제자로 승리할 수 있도록 힘과 용기와 지혜와 능력을 주는 분이십니다. 하나님은 인간이 만든 건물에 갇히신 분이 아닙니다. 하나님의 성전은 하나님의 백성입니다. 바로 우리 가운데 하나님은 거하십니다. 우리가 성전이며, 우리 가운데 주님이 계십니다. 사도 바울은 "너희 몸은 … 너희 가운데 계신 성령의 전인 줄을 알지 못하느냐"(고전 6:19)고 하셨습니다. 우리 가운데 계신 그리스도의 영은 생명의 영입니다.

3. 성령님이 살린다

그러므로 죽은 교회가 다시 살아나는 것은 바로 성령님의 역사와 능력으로 이루어집니다. 성령님은 생명을 주시는 분입니다. 영적인 무덤을 생명의 자궁으로 변화시키는 일은 우리가 온전히 성령님을 의지함으로 가능합니다. 우리의 죽은 행위를 돌이켜 생명으로 고동 치게 하실 분은 바로 성령님입니다.

교회는 성령으로 새롭게 되고, 성령으로 깨어나며, 성령으로 강하여지고, 성령으로 되살아납니다. 참된 교회는 바로 영적인 파산 상황에서도 다시금 일어섭니다. 성령님이 계시기 때문입니다. 참된 교회는 죽음에서 생명으로 도약합니다. 비록 사데 교회는 영적 파산 의 위기에 처해 있었지만, 주님은 이들이 다시금 일어설 것을 기대 하시며 회개하라고 말씀하셨습니다. 죽음에서 생명이 넘치는 교회로 변화되어 진리의 빛을 발하라고 명령하셨습니다.

죽어가는 성도들에게, 생명력을 잃어가는 교회에, "성령의 충만함을 받으라"(엡 5:18)는 명령보다 절박한 명령은 없습니다. 생명과 능력의 성령님은 우리 안에 거하십니다. 교회 안에 계십니다. 이 시간 생명의 성령님이 우리에게 생기를 넣어주시기를 축복합니다. 우리 교회가 생명의 활력이 계속 약동하는 교회로 뻗어가기를 축복합니다. 이 역사는 회개의 문을 통해서 열립니다. 성령님의 능력은 회개를 통해 나타납니다. 그러므로 주님은 사데 교회가 깨어서 진리를 굳게 잡고 회개하라고 명령하신 것입니다.

하나님은 말씀하셨습니다. "나는 사람이 판단하는 것처럼 그렇게 판단하지는 않는다. 사람은 겉모습만을 따라 판단하지만, 나 주는 중심을 본다."(삼상 16:7) 사람의 눈을 속일 수는 있어도 주님의 눈은 결코 속일 수 없습니다. 사데 교회는 거짓 명성을 가진 교회였습니다. 그러나 그들의 세상적인 명성은 주님 앞에서 아무런 가치가 없었습니다. 그렇다면 우리를 보시는 주님은 어떤 말씀을 하실까요? 이 시간 주님이 청진기를 우리의 가슴에 대실 때 우리의 영혼의 심장은 살아서 잘 뛰고 있다고 말씀하실까요? 우리의 허파에 청진기를 대실 때 살아 숨 쉰다고 하실까요? 우리는 두려운 마음으로 말씀에 귀를 기울이며 순종해야 합니다. 오늘 이곳에 있는 우리 모두 생명이 고동치는 성도가 되기를 바랍니다. 다른 사람이 아닌 바로 우리, 바로 당신이 깨어 있어 생명을 회복해야 할 성도입니다.

우리 교회는 살았다는 이름만 가져서는 안 됩니다. 단지 좋은 이미지를 가진 교회가 되는 것에 만족해서도 안 됩니다. 이름만 유명한 교회는 위선적인 교회입니다. 우리는 생명 자체를 가지고 있어야 합니다. 겉으로는 제사에 열심이며 입으로는 하나님을 사랑한다고 말했지만, 실제로는 삶이 부패하고 주님을 떠났던 자들을 향하여 하나님은 이렇게 책망하셨습니다. "이 백성이 입으로는 나를 가까이하며 입술로는 나를 존경하나 그 마음은 내게서 멀리 떠났다."(사 29:13) 우리가 하는 모든 일은 사람이 아닌 주님께 드리려고 하는 일이 되어야 합니다. 진정한 믿음과 신실한 마음에서 우러러 나오는 믿음의 삶이 되어야 합니다.

주님은 산상수훈에서 말씀하십니다. "너희는 남에게 보이려고 의로운 일을 사람들 앞에서 하지 않도록 조심하여라. 그렇지 않으면, 너희는 하늘에 계신 너희 아버지에게서 상을 받지 못한다." "너희는 기도할 때에, 위선자들처럼 하지 말아라. 그들은 사람들에게 보이려고, 회당과 큰 길 모퉁이에 서서 기도하기를 좋아한다. 내가 진정으로 너희에게 말한다. 그들은 자기네 상을 이미 다 받았다."(마 6:1-6) 사도 바울도 디모데에게 권고합니다. "그대는 이것을 알아두십시오. 말세에 어려운 때가 올 것입니다. 사람들은 자기를 사랑하며,

돈을 사랑하며, 뽐내며, 교만하며, 하나님을 모독하며, 부모에게 순종하지 아니하며, 감사할 줄 모르며, 불경스러우며, 무정하며, 원한을 풀지 아니하며, 비방하며, 절제가 없으며, 난폭하며, 선을 좋아하지 아니하며, 배신하며, 무모하며, 자만하며, 하나님보다 쾌락을 더 사랑하며, 겉으로는 경건하게 보이나, 경건함의 능력은 부인할 것입니다. 그대는 이런 사람들을 멀리하십시오."(딤후 3:1-5)

우리에게 필요한 것은 경건의 모양이 아니라, 경건의 능력입니다. 우리에게는 그리스도인의 무늬가 아니라 그리스도인의 능력이 필요합니다. 말이 아니라 삶입니다. 모양에는 능력이 없습니다. 무늬에는 능력이 없습니다. 능력은 모양이 아니라 거룩한 삶과 내적인 생명에 있습니다. 불의와 탐욕과 위선으로 가득 찬 시대에 우리는 참된 경건과 의와 거룩함을 굳게 잡아 부르심에 합당한 생명의 교회로 발돋움하여야 합니다. 우리는 돌이켜야 합니다. 우리는 회개해야 합니다. 우리는 그리스도의 생명과 그 능력을 되찾아야 합니다. 회개로 생명이 회복될 때 교회의 영광은 회복되며, 진정한 생명과 능력의 교회가 될 것입니다.

주님의 약속

주님은 회개하고 돌이켜 믿음을 붙잡고 생명을 지키는 성도에게 놀라운 소망의 약속을 주십니다. "이기는 사람은 이와 같이 흰 옷을 입을 것인데, 나는 그의 이름을 생명책에서 지워 버리지 않을 것이며, 내 아버지 앞과 아버지의 천사들 앞에서 그의 이름을 시인할 것이다."(5절) 이처럼 주님은 사데 교회에 흰 옷과 생명책을 약속해 주셨습니다.

1. 흰 옷

많은 성도들이 불의에 빠져 옷을 더럽힌 사데 교회였지만, 그 가운데서도 세상의 악과 유혹을 물리치고 성령님으로 새롭게 된 성도들은 영광스러운 흰 옷을 입을 것을 약속해 주셨습니다. 흰 옷은 순결과 신분을 나타냅니다. 이것은 그들의 죄가 용서받고 씻음을 받을 뿐만 아니라, 하나님의 자녀로 합당한 자가 됨을 보여줍니다. 예수님께서 십자가에서 돌아가심으로 지불하여 주신 대속의 은혜로 말미암아 값없이 주시는 구속의 은혜를 입은 하나님의 자녀는 흰 옷을 입고 영원한 잔치에 참여합니다.

2. 생명책

또한 믿음을 거룩하게 지킨 자들의 이름은 생명책에서 지워지지 않을 것입니다. 주님은 자기 백성의 이름이 적힌 책을 가지고 계신데 영적으로 죽은 사람의 이름은 그 책에 없기에 생명책이라고 합니다. 이 책에는 여호와를 경외하는 자와 그 이름을 존중히 여기는 자들의 이름이 들어 있습니다. 심판 때에 생명책에 이름이 기록되지 못한 자는 누구든지 불 못에 던져질 것입니다(계 20:11-15). 그러므로 예수님은 제자들에게 그들의 이름이 하늘에 기록된 것으로 기뻐하라고 하셨습니다(눅 10:20). 이기는 자는 이 놀라운 은혜와 기쁨을 누릴 것입니다.

성령님께서 충성된 삶을 결단하며 믿음으로 전진하는 우리 모두에게 흰 옷을 입혀주시고, 생명책에 이름을 기록하여 주실 줄 믿습니다. 이곳에 있는 우리 모두 이 약속을 누리는 복된 성도, 승리하는 성도가 되기를 주님의 이름으로 축복합니다. 아멘.

하늘에서 내 하나님께로부터 내려오는 새 예루살렘의 이름과
또 나의 새 이름을 그 사람의 몸에 써 두겠다.
귀가 있는 사람은 성령이 교회들에 하시는 말씀을 들어라.

(요한계시록 3:12-13)

Chapter 7

열린 문
- 빌라델비아 교회

빌라델비아의 성요한 교회 터

7 빌라델비아 교회의 심부름꾼에게 이렇게 써 보내라. '거룩하신 분, 참되신 분,
다윗의 열쇠를 가지고 계신 분, 여시면 닫을 사람이 없고 닫으시면 열 사람이 없
는 그분이 말씀하신다. 8 나는 네 행위를 안다. 보아라, 내가 네 앞에 문을 하나 열
어 두었는데, 아무도 그것을 닫을 수 없다. 네가 힘은 적으나, 내 말을 지키며, 내
이름을 모른다고 하지 않았다. 9 보아라, 내가 사탄의 무리에 속한 자들을 네 손
에 맡기겠다. 그들은 스스로 유대 사람이라고 하지만, 사실은 그렇지 않고, 거짓
말을 하는 자들이다. 보아라, 내가 그들이 와서 네 앞에 꿇어 엎드리게 하고, 내가
너를 사랑하였다는 것을 알게 하겠다. 10 인내하라는 내 말을 네가 지켰으니, 온
세상에 닥쳐올 시험을 받을 때에, 나도 너를 지켜 주겠다. 시험은 땅 위에 사는 사

람들을 시험하려고 닥치는 것이다. 11 내가 곧 가겠다. 너는 네가 가진 것을 굳게 붙잡아서, 아무도 네 면류관을 빼앗지 못하게 하여라. 12 이기는 사람은, 내가 내 하나님의 성전에 기둥이 되게 하겠다. 그는 다시는 성전을 떠나지 않을 것이다. 나는 내 하나님의 이름과 내 하나님의 도시, 곧 하늘에서 내 하나님께로부터 내려 오는 새 예루살렘의 이름과 또 나의 새 이름을 그 사람의 몸에 써 두겠다. 13 귀가 있는 사람은, 성령이 교회들에 하시는 말씀을 들어라.' (요한계시록 3:7-13)

빌라델비아(알레세히르)

오늘 우리가 만나는 교회는 빌라델비아 교회입니다. 빌라델비아는 주전 189년에 버가몬 왕국의 유메네스 2세가 세운 도시였습니다. 유메네스는 자신이 죽기 바로 전에 동생 아탈루스 2세에 대한 사랑의 마음으로 '형제 사랑(필로스 + 아델포스)'이라는 뜻을 가진 '빌라델비아'라는 이름으로 이 도시를 불렀다고 합니다. 이 도시는 당시 미시아 왕국, 리디아 왕국, 프리기아 왕국과 접경한 곳이어서 동방의 관문이기도 하였습니다. 빌라델비아는 한때 번영하였지만 17년에 일어난 대 지진으로 인하여 도시가 많이 무너졌습니다. 로마 황제는 도시를 다시 세우도록 5년간 세금을 면제해 주었지만, 그

기둥만 남아 있는 빌라델비아 성요한 교회

것만으로는 완전히 복구하기에 역부족이었습니다. 결국 세금 면제
기간을 더 연장해 주기를 요청하였지만 황제는 이를 거부하였습니
다. 이후에 티베리우스 황제에 의해 도시가 재건되긴 하였지만, 빌
라델비아 시민들은 로마 제국에 대한 깊은 배신감을 떨쳐 버리지 못
했다고 합니다.

특히 도미티안 황제 때에는 로마에서 생산되는 포도를 보호하기
위해 그의 통치 기간 중에 빌라델비아 지역의 모든 계곡의 포도원
을 제거하도록 하였습니다. 로마산 포도가 이곳에서 생산되는 고품

빌라델비아 교회의 유적

질의 포도에 밀릴 수밖에 없었기 때문입니다. 황제의 이러한 조치로

인해 빌라델비아는 엄청난 타격을 입었습니다. 당시 빌라델비아의

주 수입원이 포도 농사였고, 포도의 명산지였던 이곳에서는 술의 신

인 디오니수스가 이 도시의 주신이었는데 포도를 생산할 수 없게 된

것입니다. 포도 농사의 금지로 인한 큰 타격으로 말미암아 로마와

황제에 대한 시민들의 분노와 배신감은 매우 클 수밖에 없었습니다.

빌라델비아는 현재 알라세히르라는 도시로 남아 있습니다.

주님의 모습

빌라델비아 교회의 사자에게 말씀하시는 주님의 모습은 "거룩하신 분, 참되신 분, 다윗의 열쇠를 가지고 계신 분, 여시면 닫을 사람이 없고 닫으시면 열 사람이 없는 그 분"(7절)입니다. 주님은 무엇보다 거룩하신 분, 곧 하나님과 같은 분으로 보이셨습니다. 거룩하신 예수님은 세상의 통치자와 온갖 우상과는 완전히 다른 분이십니다. 또한 거룩하신 주님은 참되신 분입니다. 참되신 주님은 언제나 신뢰할 만 한 분이십니다. 이러한 주님의 모습은 빌라델비아 시민들이 황제에 대해 배신감의 쓴 뿌리를 가지고 있는 것과도 연관이 있는 듯합니다. 로마 제국과 황제가 빌라델비아를 배반한 것으로 상처를 입은 빌라델비아의 역사적 배경 속에서, 참되신 주님이신 예수 그리스도는 정말로 믿을 수 있는 분, 실제로 계셔서 역사하시는 분, 변함이 없으신 분으로 다가 오셨습니다.

또한 주님은 다윗의 열쇠를 가지고 계신 분으로 나타나셨습니다. 이러한 주님의 모습은 이사야서의 말씀을 떠오르게 합니다. "내가 또 다윗 집의 열쇠를 그의 어깨에 둘 것이니, 그가 열면 닫을 자가 없고, 그가 닫으면 열 자가 없을 것이다."(사 22:22) 이 말씀은 국고를 맡았던 셉나를 폐하시고, 힐기야의 아들 엘리아김을 세우시면서 주신 말씀입니다. 이사야서의 엘리아김은 시간과 역사에 제한되었고, 다윗의 나라에 제한된 권세를 가졌으나, 계시록은 예수 그리스도께서 하나님의 나라의 열쇠를 가진 분이심을 밝혀주십니다. 이것은 빌라델비아의 성도들이 유대인들로부터 출교를 당하는 배경과도 관계되어 있습니다. 출교된 유대인인 그리스도인들에게는 더 이상 열리지 않는 닫힌 유대교 회당의 문이었지만, 진정한 하늘의 열쇠는 주님께 있음을 보여주십니다.

주님의 칭찬과 보장

빌라델비아 교회는 서머나 교회와 함께 주님으로부터 칭찬만 들은 교회입니다. 주님은 말씀하셨습니다. "내가 네 행위를 안다. 내가 네 앞에 문을 하나 열어 두었는데, 아무도 그것을 닫을 수 없다. 네가 힘은 적으나, 내 말을 지키며, 내 이름을 모른다고 하지 않았다." (8절) 이처럼 주님의 인정과 칭찬을 받은 빌라델비아 교회라고 해서 어려움이 없었던 것은 아닙니다. 이들에게도 많은 어려움과 문제가 있었습니다. 그러나 고난의 상황이 오히려 믿음을 지키고 승리하며 주님의 인정과 칭찬과 약속을 받는 기회가 되었습니다.

1. 미약하지만 주님의 이름을 부인하지 아니함

빌라델비아 교회는 '힘이 적은' 교회였습니다. '힘이 적다'는 표현은 교인수가 많지 않았거나, 재정이 미약했거나, 낮은 계층의 성도들이 주로 모였던 것을 의미한 것으로 볼 수 있습니다. 그러니 그들은 세상에 내놓을 것이 없는 사람들이었습니다. 조그만 가정에 모여 예배를 드리던 작고 초라한 이들의 모습은 거대한 디오니수스 신전과 힘을 자랑하던 세상과는 비교할 수 없었지만, 그들은 주님의 말씀을 지켰고, 주님의 이름을 부인하지 않았습니다. 주님의 말씀을 지킨다는 것은 이방 신과 박해와 위협에도 불구하고 인내함으로 믿음을 버리지 않은 것을 의미합니다. 요한계시록의 말씀을 보면 분명합니다. "하나님의 계명과 예수를 믿는 믿음을 지키는 성도들에게는 인내가 필요하다."(계 14:12) 빌라델비아의 성도들은 끝까지 예수 그리스도를 따랐으며, 그리스도를 부인하지 않았습니다. 그들은 예수 그리스도 안에서, 밧모에 유배된 요한과 더불어 인내로 믿음을 지키는데 동참했습니다. 미약하여 힘이 적었음에도 불구하고 그들은 믿음을 견고하게 지켰습니다.

2. 박해를 승리로

빌라델비아 교회도 박해에서 예외는 아니었습니다. 주님이 말씀하셨습니다. "내가 사탄의 무리에 속한 자들을 네 손에 맡기겠다. 그들은 스스로 유대 사람이라고 하지만, 사실은 그렇지 않고, 거짓말을 하는 자들이다. 보아라, 내가 그들이 와서 네 앞에 꿇어 엎드리게 하고, 내가 너를 사랑하였다는 것을 알게 하겠다."(9절) 비록 적고 작았지만, 그들은 세상에서 자신을 감추지 않았습니다. 사탄의 무리에 속한 자들이 빌라델비아의 성도들을 흔들었습니다. 성도들에게 박해를 가한 자들은 서머나 교회처럼 그 도시의 유대인들이었습니다. 주님은 그들을 사탄이라고 칭하셨습니다.

기독교 초기에 기독교인들은 대체로 유대인들이었고, 따라서 유대인 기독교인들은 유대인들의 회당에 참여하여 예배도 드리고, 교제도 나누며 함께 지냈습니다. 그러나 그리스도인들은 예수님이 메시아이심을 고백하는 일로 인해 서서히 유대인들로부터 멀어지고 추방됩니다. 삶과 인간관계의 중심이었던 회당의 문은 더 이상 유대인 그리스도인들에게 열리지 않았습니다. 이로 인해 유대인 그리스도인들은 그들의 가족들은 물론 친구들로부터도 소외를 당할 수밖에 없었습니다. 더 나아가 일터와 조합에서도 추방을 당했습니다. 주님은 이런 상황에서 예수님이야말로 생명의 문, 천국의 문을 여닫는 열쇠를 가지고 계신 분이심을 말씀하심으로 성도들을 위로하시고 격려하시고 믿음을 지키도록 힘을 주셨습니다. 주님은 사탄의 모임(회당)이 빌라델비아 교회 앞에 참패를 당하고, 교회 앞에 무릎을 꿇게 되는 영광과 승리의 기쁨을 주시겠다고 말씀하셨습니다.

3. 문이 활짝 열린 교회

어렵고 비관적인 상황에도 불구하고 빌라델비아 교회는 계명을 지켰고, 그리스도를 부인하지 않았습니다. 그리고 열쇠를 쥐고 계신 주님은 이들을 위해 문을 활짝 열어주셨습니다. "내가 네 앞에 문을 하나 열어 두었는데, 아무도 그것을 닫을 수 없다."(8절) 이처럼 빌라델비아 교회는 문이 열린 교회였습니다. 주님은 그들에게 문을 활짝 열어 두셨습니다. 무슨 문이 열린 것일까요? 일반적으로 '열린 문'은 전도(선교)의 문과 '천국의 문'을 의미하는 것으로 봅니다. 그러나 주님이 열어 두신 문은 거룩한 교회에 주시는 '모든 기회의 문'이기도 합니다.

전도의 문

주님은 빌라델비아 교회에 복음을 전하고 선교하여 천국으로 영혼을 인도하는 문을 열어주셨습니다. 물론 다른 교회들에게도 이 문은 열려 있었습니다. 1세기 로마 제국에는 복음 전파의 열린 문이 많고도 넓었습니다. 박해도 있었지만, 로마의 평화적인 통치정책 덕분에 기독교 전도자들은 때로는 비교적 자유롭게 사역할 수 있었습니다. 공용어인 헬라어를 쓰게 되었고, 잘 닦인 로마의 도로망을 이용할 수 있었으며, 후에는 헬라어로 된 구약성경(70인 역)을 가질 수 있었습니다. 게다가 그들은 어디를 가나 구원을 열망하는 고통에 빠진 인생과 굶주린 영혼을 만났습니다. 이교의 낡은 미신들은 폐기되고 있었습니다. 목말라하는 수많은 영혼들이 생명수를 애타게 찾고 있었습니다. 바울은 어디서나 그런 모습을 보았습니다.

바울은 유명한 3차 선교여행 때에 에베소에 3년간 머물면서 강당을 빌려 대중 앞에서 강연했으며, 개인적으로 사람들을 심방하기도 하였습니다. 그는 이 시기에 "나에게 큰 문이 활짝 열려서, 일을 많이 할 수 있는 기회가 왔습니다."(고전 16:9)라고 기록했습니다. 이후에 바울은 세계의 수도인 로마에서 2년간 연금 상태에 있으면서도 유대인, 로마 병사, 도망친 노예 오네시모 등 자기를 찾아오는 모든 이에게 그리스도를 전했습니다. 더 나아가 바울은 골로새의 성도들에게는 이렇게 부탁했습니다. "하나님께서 전도의 문을 우리에게 열어 주셔서, 우리가 그리스도의 비밀을 말할 수 있도록, 우리를 위해서도 기도하여 주십시오. 나는 이 비밀을 전하는 일로 매여 있습니다."(골 4:3)

작고 미약하며, 박해를 받는 빌라델비아 교회의 성도들은 그들이 처한 상황 속에서 침묵하거나 움츠러들지 않았습니다. 주님은 그들이 복음을 전하고, 복음을 살고, 열린 천국 문을 바라보기를 원하셨습니다. 유대인들의 적개심이 너무나 강했지만 복음의 문을 열어 주심으로 승리하게 될 것을 보여주셨습니다. "보아라, 내가 그들이 와서 네 앞에 꿇어 엎드리게 하고, 내가 너를 사랑하였다는 것을 알게 하겠다."(9절) 성도들을 박해하던 자들이 성도들 앞에 무릎을 꿇게 될 것이라고 하셨습니다. 기독교 공동체가 진정으로 하나님이 사랑하시는 참된 생명과 구원의 공동체임을 인정받게 될 것이라고 격려해 주신 것입니다.

사랑의 문

주님이 열어주신 또 다른 기회의 문은 '사랑의 문'입니다. 주님은 박해하던 자들이 오히려 성도들에게 무릎을 꿇음으로 '주님이 사랑하셨음'을 알게 하겠다고 하셨습니다. 주님의 사랑은 성도를 사랑의 삶으로 인도합니다. 진정한 교회는 주님의 사랑으로 섬기는 교회입니다. 성도는 사랑과 섬김의 문을 통해 천국의 문으로 들어갑니다. 하나님의 사랑과 은혜로 값없이 구원 받은 성도들은 다른 사람들의 영적이며, 육적이며, 사회적이고 정신적인 행복에도 관심을 가질 수밖에 없습니다. 교회의 전도의 문은 섬김의 문, 사랑의 문으로 이어져야 합니다. 전도의 문이 구원의 문이 되고, 구원의 문은 섬김과 사랑의 문으로 연결되는 것입니다. 그러므로 참된 교회는 전도의 문을 사랑과 섬김의 문으로 열어가는 교회입니다. 성도가 세상에 보여줄 수 있는 가장 중요한 것은 하나님의 사랑입니다. 주님은 말씀하셨습니다. "새 계명을 너희에게 준다. 서로 사랑하여라. 내가 너희를 사랑한 것 같이 너희도 서로 사랑하여라. 너희가 서로 사랑하면, 이로써 모든 사람이 너희가 내 제자인 것을 알게 될 것이다."(요 13:33-34). 전도의 문은 사랑의 문과 함께 연결될 때 활짝 열립니다. 전도의 열매는 대부분 우리의 삶을 아는 사람들, 곧 친구들, 친척과 가족들, 이웃들에게서 맺힙니다. 섬김의 문이 전도의 문이 되고, 전도의 문이 섬김의 문이 되는 것입니다.

빌라델비아 교회는 작은 교회였지만, 믿음이 생명의 삶으로 일어났던 교회였습니다. 데살로니가 교회가 역사하는 믿음을 가졌던 것과 같이, 빌라델비아 교회는 계명을 지키며, 그리스도를 온전히 예배하며, 사랑의 삶으로 천국의 문을 열어간 역사하는 교회였습니다.

주님의 권고

물론 문이 활짝 열린 교회로 승리하는 것은 결코 쉽지 않은 일이었습니다. 그러므로 주님은 말씀하셨습니다. "인내하라는 내 말을 네가 지켰으니, 온 세상에 닥쳐올 시험을 받을 때에, 나도 너를 지켜 주겠다. 시험은 땅 위에 사는 사람들을 시험하려고 닥치는 것이다." (10절) 주님의 말씀에 순종하며 인내할 때 시험이 닥쳐올 것이지만 두려워하지 말고 열린 문으로 들어가라고 촉구하셨습니다. 그리고 매우 중요한 말씀을 하셨습니다. "나도 너를 지켜 주겠다." 그러나 '땅 위에 사는 사람들'(10절, 참고 계 11:10-12)에게는 시험이 닥칠 것인데 이들은 하나님의 선지자들의 경고와 책망의 대상입니다. 왜냐하면 이들은 거룩한 주님의 제자들을 순교로 몰아간 범죄자들이기 때문입니다. 반면에 주님의 자녀인 성도들이 주님의 뜻에 순종하여 나아간다면 주님께서는 성도들을 모든 시험에서 지켜주시겠다고 하셨습니다. 끝까지 믿음을 지켜 인내하면 어떤 환란도 시험이 되지 않게 해주신다는 말씀입니다.

주님은 성도를 지켜주십니다. 성도가 주님께 순종할 때 주님은 성도를 잡아주십니다. 신앙생활에서 놀라운 점은 성도에게 계명을 주신 주님은 성도가 그 계명에 순종하려고 결단하며 주님을 의지할 때, 넉넉히 이길 힘과 지혜와 은혜를 베풀어주신다는 것입니다. 성도가 말씀을 지키면, 주님은 성도를 지켜주십니다. 성도가 계명을 지키면 주님은 성도를 잡아주십니다. 이것이 신앙생활의 원리입니다. 성도가 믿음을 지키면 주님이 성도를 지켜주시고, 성도가 주님을 높이면 주님은 성도를 높여주십니다. 성도가 드리면 주님은 채워주십니다. 물론 주님은 조건적인 분이 아닙니다. 주님은 이미 우리를 사랑하시고 은혜를 풍성하게 부어주셨습니다. 그러므로 믿음으로 결단하며 인내하는 자를 잡아주신다는 말씀입니다.

실제로 빌라델비아 교회는 소아시아의 일곱 교회 가운데서 가장 오랫동안 생명력을 지녔던 교회로 알려져 있습니다. 빌라델비아 교회에 주신 주님의 말씀은 소망적이고, 진취적이고, 용기를 주시는 말씀이었듯이, 작은 교회였던 빌라델비아 교회는 1,400년대 말에 무슬림에 의해 점령당할 때까지 독립된 교회로서 남아 있었다고 합니다. 힘이 있다고 생각했던 교회들이 사라질 때에도, 작은 빌라델비아 교회는 끝까지 그리스도께 헌신하고 살아남아서 구원의 역사를 이루며 천국의 문을 열었습니다. 믿음을 지키는 그들을 주님이 지켜주셨습니다.

주님의 약속

주님은 빌라델비아 교회에 놀라운 약속을 주십니다. "내가 곧 가겠다. 너는 네가 가진 것을 굳게 붙잡아서, 아무도 네 면류관을 빼앗지 못하게 하여라. 이기는 사람은, 내가 내 하나님의 성전에 기둥이 되게 하겠다. 그는 다시는 성전을 떠나지 않을 것이다. 나는 내 하나님의 이름과 내 하나님의 도시, 곧 하늘에서 내 하나님께로부터 내려오는 새 예루살렘의 이름과 또 나의 새 이름을 그 사람의 몸에 써두겠다. 귀가 있는 사람은, 성령이 교회들에 하시는 말씀을 들어라." (11-13절)

주님은 속히 오실 것이라고 하셨습니다. 이 말씀처럼 힘이 나는 약속은 없을 것입니다. 성도에게 주님은 전부이기 때문입니다. 예수 그리스도는 성도의 생명이며, 소망이며, 능력이며, 기쁨이며, 전부입니다. 주님은 그리스도를 부인하지 않고 믿음으로 인내하며 순종하는 성도들에게 오십니다. 주님이 오시면 모든 것은 성취됩니다. 성도의 믿음이 완성되고, 소망이 성취되고, 하나님의 나라가 이루어지며, 모든 약속이 이루어집니다. 이 약속을 붙잡은 초대 교회 성도들은 '마라나타'를 외치며 시험을 이기고, 박해를 견디며, 열린 문으로 들어갔습니다. 주님이 오셔서 모든 일을 성취하실 때 성도의 면류관은 영광스럽게 빛날 것입니다.

주님은 또한 "가진 것을 굳게 붙잡는" 자에게 주신 생명의 면류관을 지켜주실 것이라고 하셨습니다. '가진 것'은 곧 주님의 계명입니다. 예수 그리스도의 복음입니다. 그리스도를 통해 드러난 진리입니다. 구원의 약속과 능력입니다. 진리요 생명이요 소망이요 구원이신 부활의 주님을 굳게 잡는 자는 생명의 면류관을 보장받습니다. 주님은 생명의 면류관을 씌워주실 것입니다. 승리의 면류관을 씌워주실 것입니다. 영광의 면류관을 씌워주실 것입니다. 그리고 아무도 그 면류관을 빼앗지 못할 것입니다.

뿐만 아니라 주님은 인내한 성도들에게 "하나님의 성전의 기둥"이 되게 해주겠다고 약속하셨습니다. 솔로몬이 지은 예루살렘 성전에는 야긴과 보아스라는 두 기둥이 서 있었습니다(왕상 7:21). 이 두 기둥은 출애굽한 이스라엘 백성들이 광야에서 지낸 40년 동안 하나님이 불기둥과 구름기둥으로 보호하시고 인도하여 주심을 의미하기도 합니다. 그러므로 하나님의 성전의 기둥이 되고, 하나님과 새예루살렘과 주님의 새 이름을 그 몸에 새긴다는 것은, 하나님의 나라에서 거룩한 자녀로 보증 받고 인정되어 주님과 함께 영원히 영광을 누리는 보배로운 존재가 되게 해주시겠다는 약속입니다.

빌라델비아 교회는 우리에게 큰 영적 도전과 감동을 줍니다. 하나님은 그들의 미약함에도 불구하고, 그들의 강인한 믿음과 인내를 보셨습니다. 하나님의 역사와 능력은 세상의 힘과 모양이 아니라, 성도와 교회의 믿음과 헌신을 통해 나타납니다. 하나님 앞에서 그들은 핑계하지 않았습니다. 주님 안에 있는 한, 작고 약한 것이 문제가 아니었습니다. 그들은 약한 교회라고, 작은 교회라고, 사람이 부족하다고 물러서지 않았습니다. 빌라델비아 교회는 작지만 강한 교회, 작지만 큰 교회, 작지만 승리하는 교회였습니다.

오늘 우리에게 필요한 것이 바로 이와 같은 믿음입니다. 우리의 개인적인 믿음의 삶에서, 우리 교회의 공동체의 삶 속에서 우리는 핑계할 것에 둘러싸여 있습니다. 가진 것이 없고, 힘이 없고, 건강하지 않고, 나이가 많고, 신앙생활 경력이 짧고, 남편이 교회에 다니지 않고, 말 재주가 없고, 장애를 가지고 있고, 역경 가운데 있고, 희망이 보이지 않는다고 하면서 우리는 얼마든지 변명하고 핑계 댈 수 있습니다. 그러나 사랑하는 성도 여러분, 이 시간 성령님이 교회에 주시는 말씀을 듣고 벌떡 일어나 믿음으로 반응하며, 믿음으로 일어서십시오. 믿음으로 고백하십시오. '비록 세상이 나를 옥죄어도 주님을 향한 믿음을 저버리지 않겠습니다. 주님을 부인하지 않겠습니다. 주님의 이름을 버리지 않겠습니다. 거룩하고 신실하신 주님께서 저희들을 잡아주셔서 시험 가운데서 지켜주옵소서. 고난 속에서 잡아 주옵소서. 빌라델비아 교회에 열어주셨듯이, 저희에게도 문을 열어주옵소서.'

이 시간 우리의 인생의 열쇠를 가지신 주님께, 우리 교회의 열쇠를 가지고 계신 주님께, 열면 닫을 자 없고 닫으면 열 자 없는 전능의 주님께, 우리의 삶을 맡기며 결단합시다. 주님이 열어 주시지 않으면 우리의 인생은 누구도 열수 없습니다. 주님께 믿음으로 결단하며 헌신하는 우리에게 주님께서 기회의 문을 활짝 열어주실 줄 믿습니다. 곧 오시겠다고 하신 주님께서 우리에게 오셔서 권능의 능력으로 잡아주시고, 성전의 기둥 같은 존재로 세워주시기를 축복합니다.

오 주님, 저희에게 문을 활짝 열어 주옵소서! 세상 그 누구도, 어떤 사탄과 악의 세력도 닫을 수 없는 문을 활짝 열어 주옵소서! 기회가 활짝 열리게 하옵소서! 회개의 문을 열어주옵소서! 전도의 문을 열어주옵소서! 구원의 문을 열어 주옵소서! 소망의 문을 열어 주옵소서! 생명의 문을 열어주옵소서! 사랑의 문을 열어주옵소서! 섬김의 문을 열어 주옵소서! 은혜의 문을 열어주옵소서! 치유와 회복의 문을 열어 주옵소서! 감사의 문을 열어 주옵소서! 세대의 문을 여시어 다음 세대가 신앙으로 일어나게 하옵소서! 평강의 문을 활짝 열어 주옵소서! 천국의 문을 활짝 열어 주옵소서! 이 시대에 한 몫을 감당하는 교회가 되게 하옵소서! 이 시대에 한 몫을 감당하는 성도가 되게 하옵소서! 성전의 기둥 같은 복된 성도들로 넘쳐나는 교회가 되게 하옵소서! 우리 모두 사탄을 대적하여 승리하며, 주님이 주시는 승리의 기쁨을 누리는 복된 교회, 복된 성도들이 되게 하옵소서! 아멘.

이기는 사람은… 나와 함께 내 보좌에 앉게 하여 주겠다.
구가 있는 사람은 성령이 교회들에 하시는 말씀을 들어라.

(요한계시록 3:14-22)

Chapter 8

뜨거운
믿음
- 라오디게아 교회

라오디게아 유적

14 라오디게아 교회의 심부름꾼에게 이렇게 써 보내어라. '아멘이신 분이시요, 신실하시고 참되신 증인이시요, 하나님의 창조의 처음이신 분이 말씀하신다. 15 나는 네 행위를 안다. 너는 차지도 않고, 뜨겁지도 않다. 네가 차든지 뜨겁든지 하면 좋겠다. 16 네가 이렇게 미지근하여, 뜨겁지도 않고 차지도 않으니, 나는 너를 내 입에서 뱉어 버리겠다. 17 너는 풍족하여 부족한 것이 조금도 없다고 하지만, 실상 너는, 네가 비참하고 불쌍하고 가난하고 눈이 멀고 벌거벗은 것을 알지 못한다. 18 그러므로 나는 네게 권한다. 네가 부유하게 되려거든 불에 정련한 금을 내게서 사고, 네 벌거벗은 수치를 가려서 드러내지 않으려거든 흰 옷을 사서 입고, 네 눈이 밝아지려거든 안약을 사서 눈에 발라라. 19 나는 내가 사랑하는 사람은

누구든지 책망도 하고 징계도 한다. 그러므로 너는 열심을 내어 노력하고, 회개하여라. 20 보아라, 내가 문 밖에 서서, 문을 두드리고 있다. 누구든지 내 음성을 듣고 문을 열면, 나는 그에게로 들어가서 그와 함께 먹고, 그는 나와 함께 먹을 것이다. 21 이기는 사람은, 내가 이긴 뒤에 내 아버지와 함께 아버지의 보좌에 앉은 것과 같이, 나와 함께 내 보좌에 앉게 하여 주겠다. 22 귀가 있는 사람은, 성령이 교회들에 하시는 말씀을 들어라.' (요한계시록 3:14-22)

라오디게아(라오디키아)

마침내 우리는 일곱 번째 교회인 라오디게아 교회를 보게 됩니다. 우리가 지도를 통해서 일곱 교회의 위치를 볼 때, 사도 요한은 밧모섬에서부터 가까운 에베소 교회에서 시작하여 차례대로 한 교회씩 순서를 따라 주시는 주님의 말씀을 받았음을 알 수 있습니다. 라오디게아 교회는 소아시아의 일곱 교회 중에서 가장 동남쪽에 위치한 교회인데, 이곳에 복음이 언제 뿌려졌는지 확실히 알려진 바가 없습니다. 사도 바울이 라오디게아 교회가 있던 리쿠스 유역의 도시들을 직접 방문한 기록은 없지만, 바울이 에바브라에 의해 개척된 골로새 교회에 보낸 편지에는 다음과 같은 구절이 나옵니다. "나는

히에라볼리의 원형 극장

그가, 여러분을 위하여, 그리고 라오디게아와 히에라볼리에 있는 사람들을 위하여, 수고를 많이 하고 있음을 증언합니다. … 여러분이 이 편지를 읽은 다음에는, 라오디게아 교회에서도 읽을 수 있게 하고, 라오디게아 교회에서 오는 편지도 읽으십시오." (골 4:13, 16) 여기에 나오는 히에라볼리와 라오디게아는 골로새와 함께 리쿠스 계곡 유역에 있던 3대 초대 교회의 도시이기도 합니다. 이 세 도시는 동서 문물이 교차하는 지역에 있었기 때문에 사람들의 왕래가 빈번하였습니다. 라오디게아를 중심으로 동남쪽으로 골로새가 있고, 북쪽으로 8km 정도 떨어진 곳에 히에라볼리가 있습니다.

파묵칼레

　라오디게아는 골로새와 히에라볼리와는 달리 지나치게 미네랄이 풍부하게 함유된 물로 인해서 이곳에서 나오는 물은 식수로 사용하기 어려웠고, 물을 끓여도 악취로 인해 고통을 당해야 할 정도였습니다. 다행스럽게도 골로새 지역의 높은 산에서 내려오는 시원하고 맑은 물을 수도관을 통하여 공급받을 수 있었고, 히에라볼리에서 솟아 나오는 뜨거운 온천수를 공급받을 수 있었습니다. 지금도 히에라볼리는 파묵칼레라는 이름으로 알려진 세계적인 관광 명소입니다. 라오디게아는 현재 데니즐리로 불리는 지역에 가까이 있습니다.

　라오디게아는 도로가 잘 연결되어 있는 무역과 상공업의 도시로 금융, 무역, 의류, 직조, 제약 기술이 발달하였기에 매우 부유한 도시였습니다. 특히 히에라볼리에서 나오는 유황성분의 온천수를 이용하여 제조한 고약과 안약은 상당히 유명한 특산품이었기에 당시 곳곳에서 이것을 구하려 사람들이 몰려들었습니다. 이곳에서 생산되는 고약은 귓병에, 안약은 눈병에 특효약이었습니다. 치료의 신혹은 약의 신으로 불리는 아스클레피오스 신전도 유명했습니다. 17년에 일어난 지진으로 빌라델비아는 세금을 면제 받고도 복구를 못하여 황제에게 추가로 지원을 요청했던 반면, 라오디게아는 황제의 도움이 필요 없다고 선언하고 스스로 복구할 정도로 재정이 든든했습니다. 또한 교회적으로는 이단 사상이나 핍박의 문제도 훨씬 적은 무풍지대였습니다.

라오디게아의 거리

주님의 모습

라오디게아 교회의 사자에게 나타나신 주님의 모습은 "아멘이신 분이시요, 신실하시고 참되신 증인이시요, 하나님의 창조의 처음이신 분"(14절)입니다. 원래 '아멘'이라는 단어는 '참되다, 어김없이 이루어진다, 진실로 그러하다'라는 뜻입니다. 기도를 '아멘'으로 마칠 때 그것은 '주님께 드린 모든 기도가 어김없이 이루어지기를 바랍니다'라는 뜻을 담고 있습니다. 그러므로 주님을 가리켜 '아멘'이라고 하신 것은 예수 그리스도께서 궁극적인 진리가 되시며, 언약을 온전히 성취하시는 보증이 되시며, 하나님의 모든 계시가 그리스도의 인격 안에 나타나 있음을 의미합니다. 또한 주님이 '신실하시고 참되신 증인'으로 나타나신 것은 진리요 생명이신 예수 그리스도께서 인간을 위한 완전한 증인이 되셨음을 말합니다. 더 나아가 예수님은 창조의 근원이 되시는 분으로 만물의 중심이며 만왕의 왕이신 창조주이심을 나타냅니다. 이와 같은 주님의 모습은 라오디게아 성도들이 놓쳤던 것이 실은 가장 본질적인 것, 가장 중요한 것, 가장 소중한 것이었음을 드러냅니다. 그들이 놓쳤던 것이 무엇일까요?

주님의 책망

1. 역겨운 미지근함

라오디게아 교회에는 오직 책망의 말씀 밖에 없습니다. 죽은 자와 다름없다는 책망을 받은 사데 교회도 칭찬을 받은 것이 있었는데, 놀랍게도 라오디게아 교회에는 책망의 말씀만 선포됩니다. "나는 네 행위를 안다. 너는 차지도 않고, 뜨겁지도 않다. 네가 차든지 뜨겁든지 하면 좋겠다. 네가 이렇게 미지근하여, 뜨겁지도 않고 차지도 않으니, 나는 너를 내 입에서 뱉어 버리겠다. 너는 풍족하여 부족한 것이 조금도 없다고 하지만, 실상 너는, 네가 비참하고 불쌍하고 가난하고 눈이 멀고 벌거벗은 것을 알지 못한다."(15-17절)

요한이 이 편지를 쓸 즈음 라오디게아 교회는 가장 좋은 환경에도 불구하고 극심한 영적침체에 빠져 있었습니다. 그렇다고 라오디게아 교회가 특별히 언급할 만한 죄에 빠진 것은 아니었습니다. 이단자나 행악자나 핍박자에 대한 언급도 없습니다. 단지 그들에게 문제가 되는 것이 있었다면 그것은 미지근한 것, 곧 "차지도 않고 뜨겁지도 않은 것"(15절)이었습니다. 그래서 영어에 '라오디게아 같은'(Laodicean)이라는 형용사가 있는데, 이것은 종교, 정치 등 어떤 분야에서 매우 미온적인 사람을 가리키는 말이 되었습니다. 라오디게아 교회의 문제는 영적으로 미온 적인 것, 전심(全心)이 부족한 것이었습니다.

라오디게아의 사람들은 '미지근하다'는 것이 무엇인지 금방 알아들을 수 있었습니다. 당시 라오디게아는 근처에 있는 고원지대의 히에라볼리 온천에서 수도관을 통하여 물을 공급받았습니다. 그런데 뜨겁던 물이 수 킬로미터를 이동하는 동안 점점 식어서 라오디게아에 이른 물은 결국 미지근해지고 말았습니다. 뿐만 아니라 골로새

라오디게아 수도관

산악지역에서 눈이 녹아내린 시원하고 맑은 물이 수도관을 타고 라오디게아까지 오면 역시 찬 기운은 다 없어지고 미지근한 물이 되고 말았습니다. 이래저래 라오디게아의 물은 항상 미지근하였습니다.

주님은 이런 상황을 빗대어 라오디게아 교회의 성도들의 영적 상태를 진단하셨습니다. 라오디게아 성도들의 신앙은 미지근했습니다. 미지근하다는 단어에는 '반쪽 심장' 혹은 '반쪽 마음'이라는 뜻이 있습니다. 주님은 미지근한 상태가 너무나 역겨우셨습니다. 그래서 "입에서 뱉어버리겠다"(16절)고 말씀하셨습니다. 라오디게아에서 나오는 물은 많이 함유된 미네랄로 역겨워서 마실 수 없었던 것처럼 주님은 그들을 토해내겠다고 하셨습니다. 라오디게아에 나타나신 주님은 '아멘'의 주님이셨습니다. 반쪽이 아니라 온전하신 주님은 성도들이 반쪽 마음이 아니라 온전한 마음으로 예수님을 믿고 따르기를 원하셨던 것입니다. '아멘'의 예수님은 자신을 따르는 자들이 얼음장처럼 차거나, 펄펄 끓는 물처럼 뜨겁기를 원하셨습니다.

이 시대에도 미지근한 신앙은 바로 우리 가운데 만연하고 있는 은근한 영적 질병입니다. 주님의 군사인 성도들이 무기력한 채 영적 빈혈 증세를 보이고 있습니다. 많은 성도들이 반쪽 마음으로 주님을 따르고 있습니다. 예수님은 우리의 믿음이 식어 미지근한 맹탕이 되기보다는 끓거나 얼어붙기를 원하십니다. 성도는 마음이 뜨거워야 합니다. 전심으로 주님을 뜨겁게 사랑하고 예배해야 합니다. 예수님을 따르는 성도는 그 내면에 항상 뜨거운 영적 불기운을 유지하며 활활 타올라야 합니다. 이것은 결코 우리 모두가 광신자가 되어야한다는 말이 아닙니다. 전심의 신앙, 뜨거운 신앙은 광신과는 다릅니다. 광신은 이성과 지식이 없이 머리가 뜨거워진 것입니다. 또한 머리 없는 가슴과도 같은 것입니다. 그러므로 말씀이 없는 뜨거움은 광신이며, 헌신이 없는 말씀은 죽은 것입니다. 하나님을 향한 타오르는 전심은 바로 진리의 말씀에서 나온 헌신이며, 주님의 사랑에서 시작되고, 성령의 역사로 이루어진 뜨거움입니다.

오늘의 교회에는 열정이 필요합니다. 하나님의 부르심에 합당한 교회, 살아 있는 교회, 영광의 교회가 되려면, 예수 그리스도를 전심으로 사랑하며, 예수 그리스도께 전심으로 헌신하는 성도들이 넘쳐나야 합니다. 우리가 주님을 향하여 뜨거움으로, 전심으로 하는 것이 아닌 모든 것은 미지근한 것입니다. 무미건조한 타협으로 살아가는 것은 주님을 모욕하는 것이며, 역겹게 할 뿐입니다. 열정은 건강한 교회의 필수 요소입니다. 몽롱한 무기력과 냉담함에 빠진 우리에게, 미지근한 상태로 맥없이 신앙생활 하는 자들을 향해 주님은 "너를 입에서 뱉어 버리겠다"(16절)고 하셨습니다.

2. 자기만족과 자만의 함정

더 나아가 주님은 라오디게아 교회의 영적인 상태가 미지근한 상태가 됨으로 자기만족과 자만에 빠졌다고 하셨습니다. "너는 풍족하여 부족한 것이 조금도 없다고 하지만, 실상 너는 네가 비참하고 불쌍하고 가난하고 눈이 멀고 벌거벗은 것을 알지 못한다."(17절) 그들은 스스로 보기에 부족함이 없었습니다. 실제로 라오디게아는 부유한 도시였습니다. 그러나 라오디게아 도시는 자기만족과 자만에 빠졌으며, 성도들도 그 병에 걸리고 말았습니다. 자만의 영이 스며들자 성도들은 은근히 자랑하면서 자기만족의 함정에 빠져들었으며, 자기들의 실제 모습은 눈이 어두워 보지 못했습니다.

예수님은 라오디게아 교회의 이러한 모습을 가리켜 '비참하고 가난하고 불쌍하고 눈멀고 벌거벗었다'고 하셨습니다. 그들은 부하다고 생각하였지만, 예수님은 그들이 영적인 거지라고 말씀하셨습니다. 그들은 최고의 안약을 생산하였으며 밝은 눈을 가지고 있다고 믿었지만, 자신의 영적인 빈곤과 위험을 전혀 깨닫지 못하니 그들은 영적 시각장애인이나 다름 없었습니다. 황제의 보조금 없이도 도시를 세웠지만 하나님 앞에서 입을 옷이 없었기에 그들은 불쌍하고 비참한 영적 거지였습니다. 그러면 어떻게 해야 합니까? 어떻게 비참한 모습을 벗어날 수 있습니까?

주님의 권고

주님이 말씀하셨습니다. "그러므로 나는 네게 권한다. 네가 부유하게 되려거든 불에 정련한 금을 내게서 사고, 네 벌거벗은 수치를 가려서 드러내지 않으려거든 흰 옷을 사서 입고, 네 눈이 밝아지려거든 안약을 사서 눈에 발라라."(18절) 온 우주 만물의 주인이시고 통치자이시며 아멘이신 주님은 기회를 주셨습니다. 예수 그리스도는 하나님의 모든 뜻과 사역을 온전히 이루시는 분이시기에 '아멘'이십니다. 사도 바울은 "하나님의 약속은 얼마든지 그리스도 안에서 예(아멘)가 된다"(고후 1:20)고 말씀하였습니다. 하나님의 모든 뜻을 온전히 이루시는 아멘이신 주님은 살아날 길을 보여주셨습니다.

1. 내게 와서 사라

스스로 풍족하며 부족함이 없는 줄로 알았지만 영적인 거지가 된 그들은 주님께로 가서 사야했습니다. 물론 구원을 살 수는 없었습니다. 그러나 주님은 라오디게아의 상업과 무역에 익숙한 이들이 쉽게 이해하도록 말씀하셨습니다. 모든 것이 필요할 때마다 사고파는 그들에게 그들이 정말로 필요한 것을 사야만 한다고 말씀하신 것입니다. 이사야 선지자를 통해 선포하신 하나님의 말씀도 이와 같습니다. "너희 목마른 자들아 물로 나아오라. 돈 없는 자도 오라. 너희는 와서 사먹되 돈 없이 값없이 와서 포도주와 젖을 사라."(사 55:1) 라오디게아 성도들이 사야할 것은 정련한 금과 흰 옷과 안약이었습니다(18절). 진정한 부요함이 주님께 있습니다. 최고의 명품 옷이 주님께 있습니다. 최고의 안약이 주님께 있습니다. 라오디게아 교회 성도들이 이것을 사지 않고서는 진정한 부요함과 거룩한 성품과 영의 눈이 밝아진 시력을 가질 수 없었습니다.

라오디게아의 성도들은 세상의 풍요와 안정 속에서 주님을 점점 잊었습니다. 주님의 은혜 없이는 살 수 없다는 것을 잊었던 것입니다. 실상 그들은 부유한 것이 아니었습니다. 그들은 건강한 것이 아니었습니다. 그들은 오히려 영혼이 메말랐고 보지 못했고 헐벗었습니다. 이제 그들은 사야했습니다. 가졌다고 생각하는 모든 것을 들여서라도 사야했습니다.

금

그들에게는 먼저 금이 있어야 했습니다. 솔로몬 성전은 온통 금으로 입혀졌습니다. 금 향로, 금 대접, 금 촛대, 금으로 입혀진 언약궤 등 금은 성전을 성전이 되도록 사용된 재료였습니다. 금은 신성과 거룩함을 상징합니다. 부활절이나 예수님의 변화주일에 보통 흰색을 사용하지만 황금색도 사용합니다. 계시록에서는 구약의 이미지를 반복하면서 하나님이 온전히 통치하시는 나라의 모습을 금 향로, 금 촛대, 황금 길로 묘사하였습니다. 주님은 라오디게아 성도들에게 자신들은 부유하다고 믿었고, 그래서 그들의 인생은 안전하다고 믿었던 세상의 거짓 금을 버리고 영원하고 거룩하고 고귀한 금이신 예수 그리스도를 소유해야 함을 말씀하셨습니다. 또한 '정련한 금'은 그리스도를 통하여 그리스도 안에서 세워지는 성도의 신앙 인격입니다. 주님은 라오디게아 성도들이 거룩한 자들로서 그리스도의 성품을 지닌, 거룩한 인격을 갖춘 성도가 되기를 원하셨습니다. 정련된 금, 연단된 신앙의 성품을 가진 자가 진정한 부자입니다.

흰옷

라오디게아 성도들은 흰 옷을 사야 했습니다. 벌거벗은 수치를 가릴 옷을 사야 했습니다. 성도가 입어야 할 옷이 무엇인지 사도 바울은 말씀합니다. "주 예수 그리스도로 옷을 입으십시오."(롬 13:14) "하나님의 형상을 따라 참 의로움과 참 거룩함으로 지으심을 받은 새 사람을 입으십시오."(엡 4:24) "그러므로 여러분은 하나님의 택하심을 입은 사랑 받는 거룩한 사람답게, 동정심과 친절함과 겸손함과 온유함과 오래 참음을 옷 입듯이 입으십시오."(골 3:12) 초대 교회는 성도들이 옷을 입는다고 하면 그것이 무엇을 의미하는지 확실히 알았습니다. 그것은 변화된 삶을 의미했습니다. 그리스도 안에서 의로운 자로 변화된 영적 신분을 의미했습니다. 변화된 삶을 증거하는 가장 중요한 표시가 세례였습니다. 주후 3-4세기의 기록에 의하면 어떤 교회에서는 세례식을 행할 때에 옷을 다 벗은 채 침례를 받고, 기름 부음을 받고, 그리스도로 의의 옷을 입은 거듭난 삶으로 결단했습니다. 세례는 목숨을 건 결단이었고, 전혀 새로운 생명의 선택이었습니다. 때로는 그리스도를 주인으로 모시기로 결단함으로 인해 집을 떠나야 했고, 직업을 포기해야 했고, 세상의 버림을 받기도 했습니다.

세례를 받았다는 것은 새 옷을 입은 자로 사는 것입니다. 새 사람이 입어야 할 옷은 '그리스도 옷' 곧 사랑과 겸손과 온유와 섬김과 봉사와 헌신의 옷이었습니다. 옷으로 신분이 드러납니다. 그리스도인은 그리스도로 옷을 입어 그리스도인의 존귀함을 드러냅니다. 주님은 라오디게아 교회의 성도들이 진정한 그리스도인의 정체성을 회복하기를 원하셨습니다. 그리스도인인지 아닌지 친구들도 알 수 없고 가족들도 알 수 없는 그런 삶을 버려야 했습니다.

이곳에 있는 우리 모두 그리스도로 옷 입기를 축복합니다. 거룩함의 옷을 입기를 축복합니다. 하나님 앞에 벌거벗은 부끄러운 자로 드러나지 말기를 바랍니다. 마지막 심판 때에 예복을 입지 못하여 쫓겨난 자들처럼 되지 말기를 바랍니다(마 22:11-12). 진정한 그리스도인으로서 정체성을 회복하고, 선명하게 그리스도를 드러내는 성도가 됩시다. 영적 신분과 정체성과 소속이 분명한 성도가 됩시다.

안약

라오디게아는 당시 뛰어난 안약을 생산하는 곳으로 유명했습니다. 그러나 그렇게 좋은 안약이 넘치는 라오디게아의 성도들의 영적인 눈은 어두워졌습니다. 눈을 덮은 것이 너무 많았습니다. 사울은 다메섹으로 가는 길에서 그리스도를 만난 후 사흘 동안 보지 못하다가, 아나니아를 만나 그의 안수기도를 받은 후 눈에서 비늘이 벗어지면서 다시 보게 되었습니다(행 9장). 그런데 다시 보게 된 사울의 눈은 이전의 눈이 아니었습니다. 그의 눈은 전혀 새로운 것을 보았고, 전혀 다르게 보았습니다. 이전에는 그리스도를 미워하였고 핍박하였는데, 눈이 열려지니 그리스도가 진리이시며 진정한 주가 되심을 보았습니다. 그리스도를 믿는 자를 박해하려던 그가 이제는 그리스도를 전하는 사도로 바뀝니다. 눈이 열렸기 때문입니다. 이처럼 라오디게아 성도들도 세상의 온갖 더러운 죄와 탐욕에 빠진 눈에서 비늘이 벗겨지고, 하늘의 보화를 보며, 하늘의 지혜를 보도록 눈이 열려야 했습니다.

라오디게아의 성도들의 영은 굶주렸지만 주님께는 금이 있습니다. 그들의 영은 헐벗었지만 주님께는 옷이 있습니다. 그들의 영은 보지 못하지만, 주님께는 안약이 있습니다. 이것은 오늘 우리들에게도 마찬가지입니다. 할렐루야! 하나님은 이 놀라운 은혜를 거저 주셨습니다. 그러나 거저 주시기 위해 엄청난 대가를 지불하셨습니다. 성도가 받는 구원의 부요함과 영원한 생명의 변화와 영적인 눈은 엄청난 대가를 지불하고 은혜로 받은 것입니다. 하나님이 사서 주신 것입니다. 주님께로 와서 사라고 하신 것은 곧 믿음으로 받으라는 것입니다. 주님은 십자가에서 외치셨습니다. '다 이루었다!(테텔레스타이)' 이 말씀은 '다 지불했다'는 뜻입니다. 가장 귀한 것은 은혜로 주어집니다. 가장 귀한 것은 오직 그리스도를 통해서 옵니다. 우리의 눈에서 비늘이 벗겨져야 합니다. 주님이 주시는 안약으로 눈이 밝아지고 맑아지기를 축복합니다. 우리의 눈이 보는 것이 우리의 인생을 만듭니다. 어두운 영의 눈이 밝아져서 맑은 영혼과 밝은 진리의 빛 가운데로 나아가기를 축복합니다.

2. 회개와 믿음으로 뜨거움을 회복하라

라오디게아 교회와 성도들이 주님의 말씀에 순종하여 회복되는 길은 오직 회개하고 돌이키는 것이었습니다. "나는 내가 사랑하는 사람은 누구든지 책망도 하고 징계도 한다. 그러므로 너는 열심을 내어 노력하고, 회개하여라."(19절) 주님은 그들을 사랑하셨기에 책망하시며 징계도 하십니다. 라오디게아 교회는 주님의 사랑의 권고와 책망을 순종함으로 받아야 했습니다. 주님의 권고와 말씀에 따라 힘쓰며 회개해야 했습니다. 이미 에베소 교회와 사데 교회에도 같은 메시지가 주어졌습니다(계 2:5, 3:3). 주님은 미지근한 상태에서 어물쩍 넘어갈 수 없다고 하신 것입니다. 회개하고 돌이키는 것이 주님의 뜻이며, 주님의 방법입니다. 돌이키지 않으면 주님은 그들을 토하여 내칠 수밖에 없는 상황이었습니다.

회개란 하나님의 뜻에 어긋나는 모든 것을 버리고, 단호히 돌아서는 것입니다. 회개는 삶의 방향을 바꾸는 것입니다. 180도 돌이키는 것입니다. 삶의 가치가 바뀌고, 추구하는 것이 바뀌고, 자랑하는 것이 바뀌고, 경배의 대상이 바뀌고, 기쁨의 근원이 바뀌는 것입니다. 미지근함에서 방향을 바꾸어 하나님을 향한 뜨거운 열정의 불을 계속 타오르게 하는 것입니다.

참된 교회, 건강한 교회, 살아있는 교회는 바로 회개와 믿음으로 뜨거움을 회복하는 교회입니다. 지금 하나님이 우리에게 원하시는 것이 바로 이것입니다. 우리는 안이하고 자만했던 삶을 버려야 합니다. 하나님은 지금까지 우리를 기다리셨습니다. 하나님은 우리에게 기회를 주시며 권고하십니다. 미지근한 상태에 더 이상 머무르지 말라고 하십니다. 이제는 일어나라고 하십니다. 돌이키라고 하십니다. 다시금 뜨거운 열정으로 불타올라야 한다고 하십니다. 방지일 목사님은 "나는 녹슬기보다 닳아 없어지기를 원한다"고 말씀하셨습니다. 이와 같은 열정이 우리에게 넘치기 바랍니다. 사랑의 열정이 타오르지 않으면서 어찌 산다고 할 수 있겠습니까? 영원한 나라를 보지 못하면서 어찌 희망이 있다고 할 수 있겠습니까?

주님의 약속

주님은 약속의 말씀을 주시며 초대하십니다. "보아라, 내가 문 밖에 서서, 문을 두드리고 있다. 누구든지 내 음성을 듣고 문을 열면, 나는 그에게로 들어가서 그와 함께 먹고, 그는 나와 함께 먹을 것이다. 이기는 사람은, 내가 이긴 뒤에 내 아버지와 함께 아버지의 보좌에 앉은 것과 같이, 나와 함께 내 보좌에 앉게 하여 주겠다. 귀가 있는 사람은, 성령이 교회들에 하시는 말씀을 들어라."(20-22절)

'입에서 토해내야겠다'고 경고하신 주님은 실제로는 사랑의 마음으로 기다리고 계심을 보여주셨습니다. 주님은 라오디게아 교회에 대해 심판과 저주 대신에 놀라운 은혜와 회복과 결단을 향한 삶의 기회를 주셨습니다. 머뭇거리지 말고 돌아서기를 원하셨습니다. 마음을 열라고 하시면서 주님이 함께하기 원한다고 하셨습니다.

주님의 이 말씀은 지금 우리에게도 동일하게 주시는 놀라운 초대와 은혜의 말씀입니다. 주님은 우리의 인생의 주인이 되고 싶어 하십니다. 우리가 마음 문을 열면 들어오셔서 우리 인생의 안방을 차지하고 싶다고 하십니다. 우리의 부엌도 차지하고 싶다고 하십니다. 우리의 거실도 차지하고 싶다고 하십니다. 우리의 내면을 차지하고 싶다고 하십니다. 우리의 심장을 차지하고 싶다고 하십니다. 우리가 주님을 모시고 주님과 교제를 나눌 때 그곳에서부터 뜨거운 불꽃은 타오릅니다. 라오디게아 성도들이 회개함으로 주님께 마음을 열고 삶을 내어드려야 했듯이, 우리도 미지근한 마음과 삶을 과감하게 벗어버리고, 그리스도의 심장으로 뜨겁게 나아갑시다.

우리가 마음을 활짝 열고 예수님을 모시면, 예수님은 우리의 영적인 거지 생활을 청산해주십니다. 주님은 우리를 하나님의 왕자와 공주가 되게 해주십니다. 신분을 회복시켜주시고 새 옷을 입혀주십니다. 그분과 함께 먹고 마시며 사랑의 교제를 나누게 하십니다. 우리가 그분을 모실 자격이 있어서가 아닙니다. 주님이 베푸시는 한없는 은혜와 사랑으로 주님은 우리를 왕의 식탁에 앉게 하시며, 함께 먹고 마시게 해주십니다. 탕자가 돌아오자 집안에 잔치가 벌어졌듯이 돌아오는 성도의 손에는 가락지가 끼워지고, 새 옷이 입혀지고, 아버지와 회복된 관계로부터 기쁨과 환희가 넘치는 찬양과 은혜의 예배와 축제가 열립니다. 성도여, 마음을 활짝 열어 주님을 모십시오. 주님이 들어오셔서 여러분의 중심에 동거하시도록 모십시오. 주님을 모신 인생의 집에 주님의 이름을 문패로 걸어놓으십시오. 주님을 모신 심장에 주님의 이름을 새기고, 통장과 금고의 비밀 번호는 주님의 손에 내어 드리십시오.

또한 주님은 뜨거움을 회복한 성도에게는 "주님과 함께 주님의 보좌에 앉게 하여 주겠다"(21절)고 말씀하셨습니다. 보좌는 승리와 권세의 상징입니다. 예수님이 세상의 모든 악을 이기시고 부활하시고 승리하셔서 아버지의 오른 편에 들리신 것처럼, 성도들은 주님과 함께 승리하여 영광을 얻을 것입니다. 사랑하는 성도 여러분, 주님만이 채우십니다. 내가 죽고 주님이 사는 삶이 진정한 성도의 삶입니다. 주님을 구하십시오. 세상의 복에 빠져 주님을 잃어버렸던 라오디게아 교회의 실패를 반복하지 맙시다. 이 시간 우리의 심장을 두드리시는 주님의 마음을 외면하지 마십시다. 승리하는 삶을 원한다면 주님을 모시고, 주님을 잡고, 주님을 경배하고, 주님을 바라보고, 주님을 따릅시다. 주님만이 승리의 면류관을 주십니다. 새로운 변화와 새로운 세계를 열망하는 우리의 마음이 뜨거워지고, 우리의 신앙에 열정이 불타오르기를 축복합니다. 예수 그리스도님을 인생의 주인으로 온전히 모십시다. 주님께 삶의 주권을 내어드립시다. 우리 교회의 주인은 예수 그리스도이십니다. 우리는 오직 주님을 알고 주님을 인정하고 주님을 전하고 주님을 높이는 교회, 성령님으로 뜨겁게 불타오르는 교회가 되기를 축복합니다. 할렐루야!